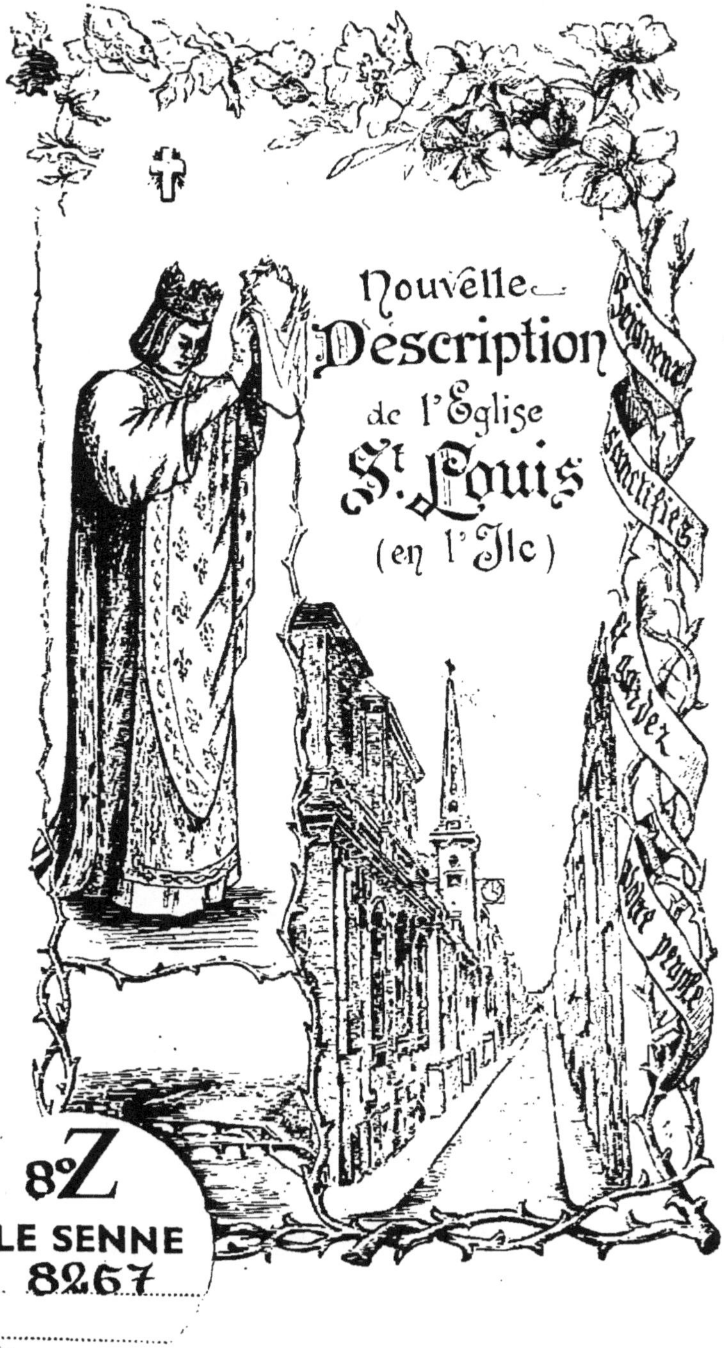
Nouvelle
Description
de l'Église
St. Louis
(en l'Ile)
Seigneur
sanctifiez
et gardez
votre peuple

NOUVELLE DESCRIPTION

DE

l'Église de Saint-Louis-en-l'Ile.

et

de ses richesses artistiques

ORNÉE DE 50 PHOTOGRAVURES

par

l'Abbé E. ROUSSEAU

Curé de Saint-Louis-en-l'Ile

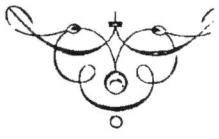 

EN VENTE

A LA SACRISTIE DE SAINT-LOUIS

au profit des Écoles libres de la Paroisse

Préface

Depuis plusieurs années, visiteurs nombreux et pèlerins dévots à saint Louis réclament une notice sur l'église Saint-Louis-en-l'Ile et ses richesses artistiques. Les circonstances n'ont pas permis à mes vénérés prédécesseurs de réaliser ce légitime et louable désir. Beaucoup ignorent l'existence du volume très intéressant et très érudit écrit par un ancien vicaire à Saint-Louis-en-l'Ile, M. l'abbé Collignon, actuellement curé de Bois-Colombes, et qui, édité en dernier lieu en 1888, a pour titre : Histoire de la Paroisse Saint-Louis-en-l'Ile.

Cet intéressant travail raconte, dans un style sobre et avec une réelle compétence, les origines, le développement, la description de l'église en même temps que la topographie de la paroisse.

Mais l'ouvrage n'est pas à la portée de toutes les bourses, et d'ailleurs on voudrait un simple livret racontant brièvement la description intérieure du monument et qui, par son format et son prix, pût satisfaire visiteurs et pèlerins qui viennent si nombreux visiter cette église du vieux Paris.

Cette année, en pleine guerre, notre triduum préparatoire à la fête patronale a été remarquablement suivi par une nombreuse et sympathique assistance. Et le 26 août, jour de la solennité, notre belle église a été remplie par les pèlerins. Et c'est surtout pendant ces belles journées que visiteurs et pèlerins, charmés de ce qu'ils voyaient, la plupart pour la première fois, ont réclamé avec une insistance qui les honore autant qu'elle nous flattait, un livret-souvenir de leur pèlerinage. C'est au lendemain de ces fêtes que j'eus alors la pensée d'offrir le présent travail, qui n'a d'autre mérite que de le mettre à la portée de tous et en l'honneur de saint Louis. Je n'avais pas à créer ; le travail étant fait de main de maître, je n'avais qu'à puiser dans l'ouvrage de l'abbé

Collignon les notes précieuses et précises qu'il a consignées avec un goût aussi délicat qu'exact. Le lecteur pourra ainsi refaire son pèlerinage et revoir en détail et avec un plaisir renouvelé les beautés qu'il avait une première fois admirées. Les paroissiens eux-mêmes seront heureux de relire l'histoire de leur chère église.

Suivant ma pensée, je m'en ouvris à l'auteur en lui faisant part de mon projet. Avec son amabilité connue et sa grande bonté, l'abbé Collignon voulut bien m'approuver et spontanément m'écrivit qu'en effet, réclamée depuis longtemps par les visiteurs et les pèlerins, cette notice serait certainement bien accueillie. Il ajoutait, aussitôt, qu'il m'autorisait très volontiers à puiser dans son livre tout ce qui pourrait répondre à mon désir. C'est pourquoi, malgré les circonstances et la cherté du papier, je n'ai pas hésité à faire ce petit travail, dont le mérite principal, qu'on veuille bien le remarquer, en revient au bon et sympathique curé de Bois-Colombes, que je tiens, en bonne justice, à féliciter et à remercier.

Au récit prenant et exact de son volume dont j'ai voulu analyser le plus intéressant chapitre, j'ai cru pouvoir ajouter quelques photogravures intercalées dans le texte qui, je crois, en rendront la lecture plus vivante.

Daigne saint Louis agréer ce faible hommage de l'amour, du respect et de la confiance de l'humble et modeste Curé de son église Saint-Louis-en-Ile.

8 Septembre 1917. E. ROUSSEAU.
Curé.

Il faut qu'on sache également que pour mon petit travail, je me suis servi des tableaux placés d'une manière si intelligente et si pratique par M. l'abbé Delaage, mon vénéré prédécesseur, à l'entrée de chaque chapelle et qui expliquent si bien les richesses qu'elle renferme. Ces tableaux sont le résumé du Livre de M. Collignon et mis gracieusement à ma disposition par son auteur.

Qu'il reçoive ici l'expression sincère de ma vive gratitude.

J'aurais voulu offrir au lecteur des clichés plus nets et qui eussent rendu d'une manière plus exacte les lignes délicates et les contours artistiques de nos peintures et de nos tableaux, mais ni la photographie ni la photogravure, malgré les découvertes modernes, n'ont pu réaliser pleinement mon désir. Les albâtres seuls, restés intacts malgré leur ancienneté, ont été fidèlement rendus. Les tableaux et les peintures, qui ont subi les ravages du temps, ont résisté aux efforts de l'artiste et nous n'avons pu obtenir un meilleur résultat. Ceci est plutôt une explication qu'une excuse, car nous nous sommes trouvés dans l'impossibilité de présenter les sujets tels qu'ils apparaissent à l'œil. Néanmoins, on reconnaîtra facilement les beautés artistiques de notre petite collection et la finesse de ses trésors de la peinture et de la sculpture religieuses.

Le Chœur.

(page 31.)

Comme je ne m'occupe, dans ce *livret*, que de l'édifice, et n'ai pas l'intention de refaire l'histoire, pourtant bien intéressante, du vieux quartier de l'Ile, je me borne à reproduire ici une courte notice historique.

L'Ile Saint-Louis (alors Ile Notre-Dame) a commencé à être habitée dans les premières années du XVIIe siècle. Il y avait alors une simple chapelle construite en 1616 sur l'emplacement de l'église actuelle, qui fut érigée en paroisse le 14 juillet 1623 par Mgr Jean François de Gondy, premier archevêque de Paris.

Elle s'appela Notre-Dame de l'Ile ; c'est vingt ans plus tard qu'elle échangea ce nom pour celui de Saint Louis-en-l'Ile Notre-Dame.

L'église actuelle a été commencée en 1664 et achevée en 1725. Le chœur fut construit d'abord, la première pierre fut posée le 1er octobre 1664 par Mgr Hardoiun de Péréfix, archevêque de Paris, et il fut bénit le 20 août 1679 par Mgr de Harlay. Ce même jour l'évêque de Saint-Malo, Mgr de Guemadec, consacra le grand autel ; l'ancienne chapelle servit de nef provisoirement à la nouvelle église.

Le 7 septembre 1702, le cardinal de Noailles posa la première pierre, et elle fut achevée en 1703. On construisit ensuite la coupole du transept et la chapelle de la Communion, et l'église fut solennellement consacrée le 14 juillet 1726. Elle avait été commencée d'après les plans de Louis le Van, continuée par Gabriel le Duc et achevée par Jacques Doucet. Les ornements de la sculpture qu'elle comportait avaient été exécutés sur les dessins de Jean-Baptiste de Champaigne, marguillier de la paroisse et neveu de Philippe de Champaigne.

La décoration extérieure de cette église a été entièrement restaurée par les soins de M. l'abbé Bossuet, curé de Saint-Louis-en-l Ile (1864-1888) qui l'a en outre enrichie de nombreux objets d'art.

La Sainte Écriture pour faire ressortir la vertu réelle et cachée de l'Immaculée a dit : La beauté de la fille du Roi est tout intérieure. J'appliquerai volontiers cette parole à notre monument. L'extérieur de l'église Saint-Louis-en-l'Ile, en effet, ne présente rien d'imposant, ni même de gracieux. On ne se douterait même pas de sa présence, n'était son clocher percé à jour, dit clocher polonais, et par le double cadran qui s'avance jusqu'au milieu de la rue, et qui tous deux attirent l'attention des passants. L'architecture gréco-romaine de notre église, naturellement lourde, est dépourvue de toute ornementation. Ses grands murs froids et noirs ne disent rien au cœur. Les maisons l'entourent de tous côtés ; et la rue, très étroite, ne permet pas de juger de l'ensemble. Doit-on s'en plaindre ? Il est vrai que lorsque les temples sont dégagés, le coup d'œil y gagne, mais la pensée y perd un peu. L'église, en effet, doit être le cœur de la paroisse, c'est l'habitation du Très-Haut au milieu des hommes, et nos pères comprenaient fort bien cette pensée, puisqu'ordinairement, ils n'isolaient point leurs églises du reste des maisons.

Le clocher qui surmonte la porte principale mesure environ trente mètres de hauteur, il remplace un campanile détruit par la foudre en 1741, et qui, dominant la coupole centrale, rappelait par sa forme la lanterne que

Saint Louis accueille avec bonté les Pèlerins de son Eglise.
(page 28.)

Les apôtres peints sur cuivre par Lebrun.

l'on voit au-dessus du dôme du Panthéon. Le comble de l'église est tout en ardoises, et sa charpente, une des plus belles et des plus curieuses de Paris, au dire des architectes, est entièrement en bois de chêne. Le côté méridional où devait s'élever un beau portail à colonnes qui a souvent été décrit dans les Guides et qui n'a pourtant jamais existé, était obstrué par une maison qui servait de presbytère avant la grande révolution, et par une cour ; la maison et la cour disparaissent actuellement pour faire place à une école municipale. Avant d'entrer, j'invite le visiteur à jeter un coup d'œil sur le bel ensemble que produit actuellement le portail principal si heureusement restauré, grâce au goût impeccable de l'école des Beaux Arts et à la bienveillante et intelligente intervention de notre conseiller municipal, M. Lemarchand, si dévoué aux intérêts de sa circonscription. Au moment où on agita la question de cette réfection importante, certains voulaient qu'on rétablît intégralement les fleurs de lys enlevées par la révolution, d'autres furent d'avis que ces portes étant comme des témoins de la crise révolutionnaire, il convenait de reproduire exactement cette œuvre qui portait le cachet de cette triste époque de notre histoire nationale : cet avis prévalut, c'est ce qui explique ce que beaucoup regarderaient comme une regrettable omission.

Qu'on nous permette à ce propos de citer ici une page de mon vénéré prédécesseur, M. Delaage, actuellement vicaire général, archiprêtre de Notre-Dame, parue dans le *Bulletin paroissial* de juin 1914.

A l'occasion de la récente découverte, écrit-il (le mot est rigoureusement exact), de la grande porte de l'église dont les détails avaient disparu sous des couches de peinture accumulées, on a dit et on a écrit que la guir-

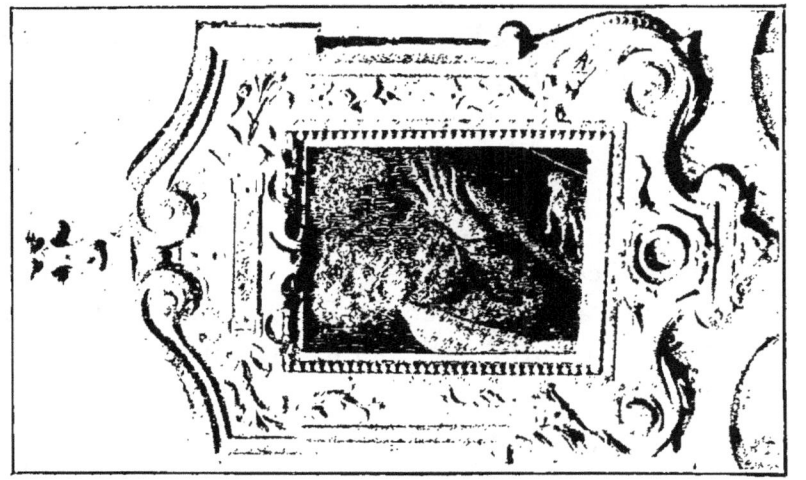

Les apôtres peints sur cuivre par Lebrun.

lande de fleurs de lys dont on y voit la trace très nette, avait été supprimée à l'époque de la Révolution. Cette explication est vraisemblable, et cependant elle est loin d'être certaine et je voudrais en présenter une autre que je crois à tout le moins aussi probable.

Le lundi 14 février 1831, l'église Saint-Germain-l'Auxerrois fut mise au pillage par la foule, sous le prétexte du service anniversaire qu'on y avait célébré pour le repos de l'âme du Duc de Berry. A la suite de cet acte révolutionnaire, des bandes se portèrent devant plusieurs églises pour y abattre les croix et surtout les fleurs de lys. On vint à Saint-Louis dans l'après-midi du mardi 15. Bien que ce fût le jour des Quarante Heures, l'église avait été fermée à midi, par mesure de prudence. Dès la veille au soir, en effet, des menaces avaient été proférées contre l'église et le presbytère. Des énergumènes montèrent au sommet de la flèche, encouragés par les clameurs d'une bande composée surtout d'enfants et de jeunes gens. Ils scièrent la tige de la croix, dont les extrémités étaient ornées de fleurs de lys et la firent tomber, d'abord sur la terrasse, ensuite dans la rue ; enfin, ils allèrent la jeter dans la Seine avec des vociférations impies. Un prêtre qui, à ce moment même, administrait un baptême dans l'église, fit mention de cet acte sacrilège par la note suivante inscrite en marge du registre : « Pendant qu'on faisait ce baptême, la croix du clocher a été renversée, à trois heures de l'après-midi. » Cette note est suivie d'une autre de date postérieure et dont voici la traduction : « Environ deux ans après, l'homme sacrilège qui, avec des moqueries impies, avait renversé notre croix, fut convaincu d'homicide volontaire et fut décapité; et celui qui, de lui-même, lui avait fourni la corde, mourut d'une chute grave. La

Justice divine n'est pas boiteuse pour punir les coupables. »

M. Hubault Malmaison, alors curé de la paroisse, rédigea pour l'archevêché un compte rendu détaillé de ces événements. J'en possède une copie d'où j'ai extrait les renseignements qui précèdent. En outre, il prit des précautions destinées à prévenir un retour offensif des manifestants. On trouve dans les archives de l'église un mémoire ainsi libellé : « L'horloger de l'église, de l'ordre de M. le curé, a changé dans la journée du 17 (février) courant les trois aiguilles de l'horloge qui étaient à fleurs de lys ; fait 6 francs. Il a déboursé pour le salaire de deux hommes qui l'ont assisté pour ôter et remettre les aiguilles au moyen d'une corde à nœuds afin d'éviter les frais considérables d'un échafaudage, 10 francs. »

Un autre mémoire du peintre Bodom porte : retouché et repeint diverses parties et draperies de deux tableaux, effacé les fleurs de lys ainsi que les attributs de la royauté, nettoyé et reverni les deux tableaux, prix convenu : vingt francs. Je suis porté à croire que l'enlèvement des fleurs de lys de la porte date de la même époque, d'autant plus que ce travail paraît avoir été exécuté avec soin par un homme du métier. En rouvrant la liasse des pièces comptables de 1831, on en retrouverait peut-être l'indication.

Je tiens à reproduire ici une note intéressante parue dans le bulletin du mois d'août 1914 et qui a pour but, précisément, d'expliquer la réfection des portes de notre église : elle a ce titre original :

Ce que l'on découvre en grattant une porte d'Église.
Dessous on lit :
Une sculpture du 17ᵉ siècle mise à jour.
Un curieux travail.

Il arrive, dit la note, que des amateurs d'art, en grattant une toile que recouvre une abominable couche de cambouis, fassent apparaître une riche et rarissime peinture. Les exemples de telles résurrections sont nombreux. Mais le fait est beaucoup plus rare lorsqu'il s'agit d'un immeuble, d'une maison, voire même d'une église : c'est cependant ce qui vient de se produire à Saint-Louis-en-l'Ile.

Depuis longtemps on demandait la réfection de la façade de notre vieille église, l'une des plus curieuses de Paris et aussi l'une des plus belles.

L'administration chargea M. Hulot, notre paroissien, et architecte, de procéder à ce travail délicat que M. Lemarchand, conseiller du quartier Notre-Dame, représentant de ce coin de Paris particulièrement beau de la capitale qu'est la cité, avait fait approuver par le Conseil municipal.

Les ouvriers s'attaquèrent tout d'abord aux portes. Après un travail extrêmement difficile et qui demanda les plus grands soins, il dégagèrent sur la porte principale un véritable joyau d'art de sculpture sur bois que l'on ne soupçonnait même pas, dissimulé qu'il était sous une épaisse couche d'une innommable peinture.

Voici, en effet, en quels termes cette porte est mentionnée dans « l'Inventaire des richesses d'art de la Ville de Paris », dressé en 1878 par délibération du Conseil municipal.

« École française du dix-septième siècle : double vantail de deux mascarons et surmonté d'une guirlande supportée par des consoles ; au-dessus est l'imposte présentant deux anges enlacés par une guirlande. »

Des autres curiosités que présentait cette porte, aucune mention. Et cependant les ouvriers ont mis à jour par

Une sculpture du XVIIe siècle mise à jour en 1914.

un habile décapage des sculptures fort belles, des traces de fleurs de lys qui ornaient jadis, en ronde bosse, tout l'encadrement de chaque vantail et qui furent rasées sous la Révolution.

Sur une autre porte, à droite, sous le clocher même, est apparue également la trace d'une croix de saint Louis.

Ces découvertes, fort intéressantes, viennent d'être examinées par MM. Adrien Mithouard, président, et Lucien Lambeau, secrétaire de la commission du Vieux Paris, qui accompagnaient MM. Lemarchand, Hulot et Flandrin, artiste décorateur.

On avait songé à réparer les deux anges, dont les bras ont été brisés ; mais ce projet a été abandonné parce que la restauration eût pu ne pas remplacer ce qu'étaient les sujets, primitivement.

D'autre part, afin de protéger ce beau travail de sculpture contre les intempéries, on le recouvrira d'un enduit, mais suffisamment clair pour que tous les détails restent apparents.

Qu'il nous soit permis à ce propos, continue la note, de rappeler que l'Eglise Saint-Louis-en-l'Ile fut commencée en 1664, sur les dessins de Le Van, conseiller architecte du roi, membre de l'Académie d'architecture.

Elle fut continuée par Gabriel Le Duc et terminée par Jacques Douet.

Toute la sculpture dont l'église est ornée a été exécutée d'après les dessins de Jean-Baptiste de Champaigne, parent du célèbre Philippe, et qui était alors marguillier de la paroisse.

Fermée à la Révolution, elle fut vendue comme propriété nationale le 13 thermidor an VI (31 juillet 1798) et rachetée par la Ville de Paris le 15 décembre 1817, moyennant 150.000 francs.

Depuis cette époque, les travaux commandés par la Ville, soit pour l'entretien, soit pour la décoration de cet édifice, ont dépassé 140.000 francs.

L'abbé Lebeuf, historien, rappelle les faits suivants :

Le poète Quinaut et Antoine Vyon d'Hérouval, auditeur des comptes, sont deux hommes célèbres qui ont été inhumés à Saint-Louis en 1688 et 1689. On y découvrit, le 12 juillet 1701, dans la terre, un corps revêtu d'une aube, et qui avait conservé son intégrité. C'était celui de Jean Baulet, prêtre chanoine de Brienon-l'Archevêque, au diocèse de Sens, natif de cette paroisse de Saint-Louis, mort aumônier de M. Bochard de Sarron, le 29 novembre 1669, âgé de 32 ans.

Le lecteur excusera sans doute cette digression, qui intéressait le portail restauré de notre église. Je le répète, si ses abords sont peu remarquables, il n'en est pas de même pour l'intérieur où nous entrons. L'abbé Collignon, dont je reprends la narration, dit, avec raison, qu'en général on estime assez peu l'architecture païenne appliquée à nos monuments religieux, parce que cette architecture se ressent trop du scepticisme de l'époque et qu'elle rappelle trop le vide des anciennes religions. Il est certain que rien n'y attire à Dieu, ni statues, ni vitraux, ni peintures ; les lignes en sont belles et bien ordonnées, mais quelle différence avec les églises gothiques, où se trouvent décrits merveilleusement le dogme chrétien et l'histoire de la religion, et où chaque pierre, pour ainsi dire, nous parle de Dieu et de ses saints. Toutefois, il faut avouer que notre église est un des plus beaux types des églises grecques de Paris, surtout depuis les embellissements qui y ont été faits avec beaucoup de bonheur et qui l'ont rendue, sinon la plus belle, du moins une des plus coquettes, des

Les apôtres peints sur cuivre par Lebrun.

plus riches et des plus gracieuses de la capitale.

Voulez-vous en avoir la preuve, entrez, et pour juger de l'effet général avant de l'étudier dans ses détails, placez-vous sous la tribune de l'orgue. De là vous pouvez aisément admirer ses belles proportions, c'est ici que l'œil sera, plus que partout ailleurs, agréablement frappé de l'harmonie architecturale de l'ensemble et des détails de l'édifice. Du point le plus rapproché du porche jusqu'à l'extrémité orientale, on compte plus de 57 mètres sur une largeur maxima de 28 mètres. La forme de la grande nef, comme vous pouvez le remarquer, est une croix latine, dont le centre est surmonté d'une coupole surbaissée que supportent quatre grandes arcades.

La clef de voûte est ornée d'un écusson en relief aux armes de France supportées par deux ailes d'anges, et la voûte elle-même, qui offre une circonférence de 33 mètres, est divisée en caissons décorés, où sont inscrits les noms des quatre grands prophètes et des quatre évangélistes. Ses pendentifs présentent aussi des cartouches soutenus par des anges, où sont figurés les instruments de la Passion. Seize piliers quadrangulaires, flanqués sur chaque face d'un pilastre à chapiteau corinthien, soutiennent cette voûte, dont l'élévation est de 20 mètres. Une magnifique corniche, formant un large entablement appuyé sur des consoles, règne au-dessus des arcades sous les fenêtres, dans toute cette partie du monument. On a utilisé la frise qui se trouve au-dessous de cette corniche pour y mettre les dates principales de la restauration actuelle de l'église : 1864, 1879, 1882, 1884, et le symbole des vertus théologales, le tout au milieu d'une décoration de fort bon goût.

La grande nef a une largeur de 11 mètres, ainsi que

Belle statue de saint Louis en céramique moderne,
offerte par M. d'Emile Muller.

(page 28.)

les deux branches du transept. Les arches de la nef et du chœur ont 10 mètres d'élévation sur 4 d'ouverture à leur base ; celles du chœur sont au nombre de cinq. Mais au point où celui-ci s'arrondit pour former l'abside, sont percées deux grandes niches à jour, dont chacune a près de 5 mètres de hauteur. Le contraste produit par ces niches rectangulaires avec le plein cintre des autres parties de l'édifice produit le meilleur effet.

Les deux collatéraux partant des deux extrémités vont se réunir par une équerre légèrement arrondie derrière le chœur, ils ont une largeur de 4 mètres d'un pilier à l'autre. Une chapelle est aménagée vis-à-vis de chacune des arcades ; des grilles en fer surmontées de croix et de pommes dorées, qui courent devant toutes les chapelles, les réunissent et en font un ensemble agréable à l'œil. Devant chaque chapelle on peut encore apercevoir une dalle d'une forme particulière qui était l'ouverture d'un caveau où les bienfaiteurs de l'église avaient leur sépulture. Ces caveaux ont été comblés lors de la construction du calorifère, et les dalles qui les recouvraient et qui contenaient des inscriptions curieuses ont été enlevées, changées de place, retaillées et retournées, ce qui, par parenthèse, est fort regrettable, à tout point de vue.

Placés ainsi sous la tribune de l'orgue, ce qui frappe d'abord vos regards, c'est un vitrail qui domine l'autel principal et représente le Christ en croix. Le matin au soleil levant, ce Christ est superbement éclairé et se détache bien sur la pierre blanche et les ors du monument. Remarquons, en passant, que l'église est orientée, c'est-à-dire, que le prêtre célébrant le saint sacrifice et les fidèles qui y assistent sont tournés du côté du soleil levant, pour rappeler le souvenir et les usages du peuple de Dieu, qui, loin du temple de Jérusalem, se tournait de ce côté pour faire sa prière et offrir des sacrifices au Seigneur.

La première chose qui frappe en entrant dans l'église, c'est la colossale statue de saint Louis, en marbre blanc.

Elle est placée là provisoirement, car dès que les événements le permettront, elle aura un socle en pierre et sera rapprochée du bénitier, dans l'arcade de droite, près de la porte, avec cette inscription qui expliquera gracieusement son geste : Saint Louis accueille avec bonté les pèlerins de son église.

Cette statue a son histoire.

C'est le docteur Môny, homme de bien, n'exerçant plus, artiste amateur, et grand bienfaiteur du collège de Juilly, dont il était élève, qui en est l'auteur. Primitivement, la statue était placée à l'extérieur de la chapelle du collège et tournée vers l'entrée de la maison, la main tendue vers ceux qui entraient. Ce sont les héritiers qui en ont fait don à M. l'abbé Delaage, mon vénéré prédécesseur.

Ici, jetons un coup d'œil sur l'ensemble de l'édifice ; la chaire et le banc d'œuvre sont en chêne et d'une grande simplicité. Il faut savoir que cette chaire, qui a coûté 6.000 francs, remplaça, après le Concordat, celle qui existait avant la Révolution et qui, paraît-il, était une des plus estimées de Paris.

A l'entrée du chœur, regardez la belle statue de saint Louis en céramique moderne, c'est un don de M. d'Émile Muller, céramiste distingué, que la Fabrique de Saint-Louis en-l'Ile a accepté avec reconnaissance.

Du côté de l'Épître, et lui faisant face, est une statue de Jeanne d'Arc. Elle est un moulage exact de celle de la Princesse d'Orléans qui est à Versailles. Ce moulage

Statue de Jeanne d'Arc par la princesse d'Orléans.

(page 28.)

a été fait sur un original sculpté, au préalable, par un artiste de talent : la matière est une sorte de pierre liquéfiée, bien supérieure au plâtre ou autres matières semblables. Elle demande un socle digne d'elle et analogue à celui de la statue de saint Louis.

L'entrée du chœur, qui est élevée de deux marches au-dessus du niveau de la nef, est fermée par une grille de fer avec main-courante en cuivre poli ; dans l'intérieur du chœur, deux pupitres en bronze doré sont disposés pour chanter l'épître et l'évangile.

De chaque côté du chœur règne un double rang de stalles, au nombre de trente-quatre.

L'orgue d'accompagnement, dont les tuyaux sont cachés en contre-bas, est dissimulé au milieu des stalles de gauche. On monte à l'autel par six marches de pierre; celui-ci est en marbre blanc veiné de rouge. Dans un médaillon central est une tiare en bronze doré, surmontée du Saint-Esprit et accotée de deux croix, le tout dans le style de l'église. Cette tiare rappelle le souvenir de la visite que le pape Pie VII fit à Saint-Louis-en-l'Ile. Deux tables de marbre blanc, placées derrière l'autel, rappellent ce fait de notre histoire locale. Sur l'une on lit ces paroles :

AD HOC ALTARE
IN HONOREM SANCTI LUDOVICI CONSECRATUM
PIUS VII P. M.
ADSTANTE CONCURSU FIDELIUM INNUMERABILI
DIE X MARTII ANNO MDCCCV
SACRA FACIEBAT

C'est-à-dire :

« Sur cet autel consacré en l'honneur de saint Louis, le Souverain Pontife Pie VII célébra les saints mystères le 10 mars 1805, en présence d'une foule considérable de fidèles. »

Et sur l'autre :

ET IPSE
PONTIFEX SUMMUS PATERQUE BENIGNUS
PANEM EUCHARISTICUM
FIDELIS AMPLIUS SEPTINGENTIS
SERVORUM CHRISTI SERVUS
MINISTRABAT.

C'est-à-dire :

« Et le Souverain Pontife, en vrai serviteur des serviteurs du Christ et avec une bonté toute paternelle, distribuait lui-même la Sainte Communion à plus de sept cents fidèles. »

La *pierre sacrée,* qu'on peut voir encore dans la chapelle de Saint-Joseph, adossée au mur, à gauche de l'autel, cette pierre, dis-je, provient du château de Fontainebleau : lors de la restauration de la chapelle de ce château, le gouverneur la regardant comme un objet de peu de valeur, en fit don à M. l'abbé Bossuet, qui la conserva comme un précieux souvenir du Pape, confesseur de la foi et prisonnier de Napoléon Ier.

Le tabernacle, en forme de temple grec, est en carton-pâte doré. Douze chandeliers sur un double gradin, quatre énormes candélabres, six lustres suspendus et quatre appliques garnissent le sanctuaire (1).

---

(1) C'est M. l'abbé Rousseau, curé actuel de Saint-Louis-en-l'Ile, qui, avec les offrandes des paroissiens et des dons particuliers qu'il a pu recueillir de ses amis, a remplacé les anciennes lampes à pétrole par l'électricité. L'installation s'est faite rapidement et fut autorisée et contrôlée par l'administration des Beaux-Arts. Elle fut heureusement terminée quelques semaines seulement avant la guerre, en sorte que l'église a toujours eu depuis un

Les apôtres peints sur cuivre par Lebrun.

L'arcade centrale est occupée par deux anges en bois doré qui soutiennent un joli reliquaire en bronze et en argent.

Les deux niches dont on a fait ci-dessus la description sont ornées de statues en plâtre plus fortes que nature, par Beca : saint Pierre et saint Paul. Ces statues, répandues dans plusieurs églises de Paris, sont la première épreuve de l'artiste ; elles ont été données par la Ville en 1822 et 1823.

Au-dessus de ces statues, dans un cadre doré, sculptée dans la pierre, on voit la Loi et les Prophètes personnifiés par Moïse et Élie. Ces peintures ont été exécutées par Debelle en 1845 d'après les cartons de vitraux dessinés la même année par Bézard ; enfin, pour terminer notre étude du sanctuaire, remarquons une tête de Christ sur la porte du tabernacle où on lit ces paroles : *Sepulcrum Christi viventis* : « Tombeau du Christ vivant ». Cette peinture sur cuivre est de Lebrun.

Il convient de faire remarquer aux visiteurs que les petits tableaux qui se trouvent sur chacun des piliers de la nef, dans un cadre de bronze doré, au-dessous de la croix qui note et rappelle la consécration, sont également de Lebrun : peintures sur cuivre.

Et maintenant, quittons le chœur de notre église, et, en descendant la nef, revenons au point de départ et

---

luminaire suffisant et même somptueux aux jours de fête. Les frais de cette installation, qui intéresse l'église et ses dépendances et qui au dire des hommes compétents est irréprochable, montaient à 12.000 francs environ, sans aucune charge pour la Fabrique qui, d'ailleurs, n'aurait pu la supporter, pas plus que l'administration diocésaine. Cette somme, relativement considérable, malgré les difficultés des temps, a pu être payée intégralement par M. le Curé lui-même.

Les apôtres peints sur cuivre par Lebrun.

replaçons-nous sous la tribune de l'orgue. L'absence de l'ancien buffet laissait un vide désagréable à la vue ; cette lacune a été comblée et on peut maintenant admirer l'arcade elliptique qui soutient la tribune : la tête de saint Louis et les motifs qui l'entourent, sont dignes d'arrêter un instant les regards des connaisseurs. Sous la tribune de l'orgue étaient jadis relégués dans l'obscurité qui leur convenait, trois tableaux d'une médiocre valeur artistique : une sainte famille, un Sacré-Cœur, un saint Louis de Gonzague, recevant les hommages des jeunes clercs de Saint-Louis-en-l'Ile ; ce dernier tableau est de Bodem ; maintenant ces tableaux se trouvent placés dans les bas-côtés de l'église, collatéral de droite et celui de gauche.

Avant de visiter chacune des chapelles en particulier, il est bon de remarquer que le chemin de croix en terre cuite et en relief est de Duseigneur, paroissien de Saint-Louis-en-l'Ile.

Pénétrons maintenant dans chacune des chapelles qui méritent réellement qu'on s'y arrête quelque temps ; il n'en est pas une seule qui ne renferme quelque tableau ou quelque sculpture de grand maître, et si les détails en sont beaux, leur ensemble surtout ne laisse rien à désirer.

Les chapelles correspondent, avons-nous dit, aux arcades de la grande nef, à droite et à gauche de chaque bas-côté. A chaque flanc du porche est une chapelle sans autel, celle de droite conduit à une salle où l'on fait le catéchisme, celle de gauche sert de fonts baptismaux. Dans la chapelle droite on peut admirer un magnifique Christ, de grandeur naturelle, appliqué sur une croix d'acajou plein.

Au-dessus de la porte en menuiserie qui sert aujour-

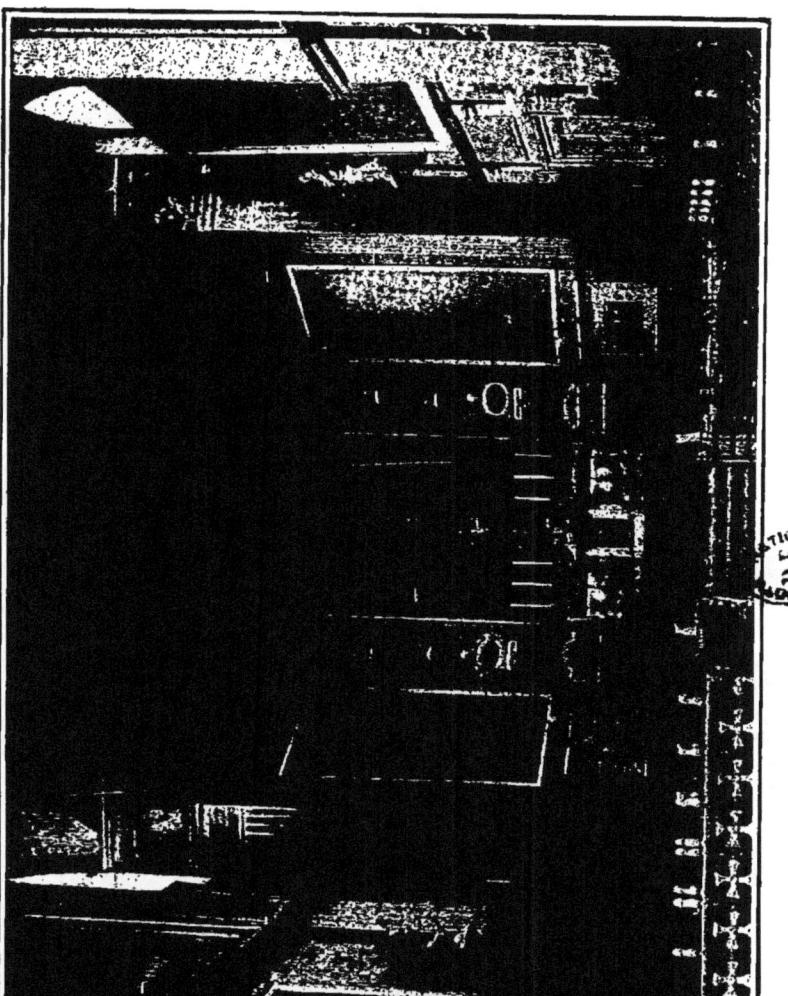

Chapelle de la Communion. (page 40.)

Sainte Claire

(page 52.)

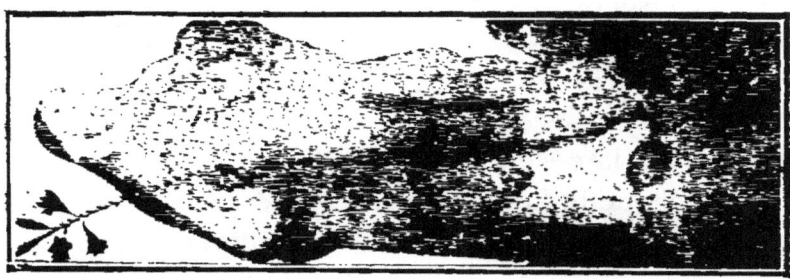

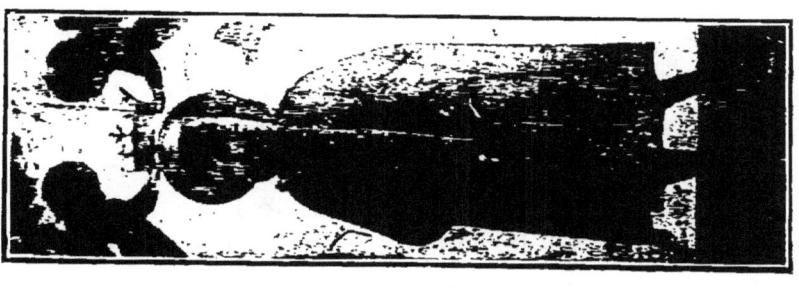

Jeanne d'Arc auréolée.

(page 52.)

d'hui de pièce de débarras et au-dessus du cabinet de M. le curé, se trouve une grande toile de Vauthier, qui représente saint Louis faisant enterrer les victimes de la peste de Sidon.

Nous entrons maintenant dans la chapelle dite de la Communion, décorée entièrement en peinture imitant le chêne. Autrefois la plupart des églises de Paris avaient des chapelles ainsi dénommées, parce que les offices se faisaient généralement au chœur, même pendant la semaine ; le clergé était nombreux, et l'office se chantait chaque jour, dans son entier ; le Saint Sacrement n'était jamais conservé au chœur et des ecclésiastiques porte-Dieu se tenaient dans une chapelle spéciale à la disposition des fidèles qui voulaient communier. Ils étaient aussi chargés de porter la sainte Eucharistie aux malades qui la désiraient.

Cette chapelle fut bâtie vers 1724, quand la nef fut achevée. C'est M. d'Argenson, lieutenant de police, qui en posa la première pierre ; elle était accompagnée de deux charniers dans lesquels étaient les confessionnaux et qui servent aujourd'hui, l'un à la salle des catéchismes et l'autre à la sacristie des enfants de chœur et de débarras, qui fut autrefois la salle des mariages. Aujourd'hui, c'est dans la chapelle de la Communion que se disent en semaine les messes basses et que se tiennent quelques réunions paroissiales.

Le tympan de la voûte, de forme semi-elliptique, est occupé par un agneau reposant sur le livre de l'Apocalypse, et ayant au-dessous de lui cette inscription : *Ecce Agnus Dei, ecce qui tollit peccata mundi*, « Voici l'Agneau de Dieu qui efface les péchés du monde ». L'autel est en marbre, surmonté d'un tabernacle monumental dont la porte, en bronze doré repoussé, représente le crucifie-

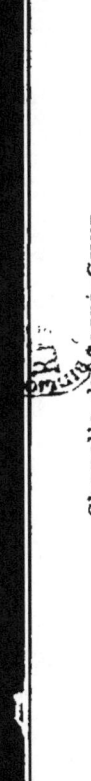

Chapelle du Sacré-Cœur.

(page 44.)

ment de Notre-Seigneur ; elle est attribuée au célèbre Girardon, auteur du *Tombeau de Richelieu*.

Au-dessus de l'autel, un tableau de Coypel (1746), provenant de l'église de Saint-Louis du Louvre, et donné par M. Déhémant de Saint-Félix, arrête surtout les regards des visiteurs. Le Sauveur, dont la figure est en pleine lumière, se manifeste aux disciples d'Emmaüs par la fraction du pain. Les deux disciples sont dans un état de stupéfaction mêlée d'amour.

Ce tableau est accompagné, à droite, d'une *Naissance de Jésus-Christ*, par Perrin (1784), et à gauche, d'une *Résurrection*, par Ferron (Ecole Italienne XVIIe siècle). Voyez aussi une *Prédication de Jésus-Christ*, à l'entrée de la chapelle (Chazat, 1863).

Au-dessous de cette Résurrection se trouve un petit tableau attribué à Raphaël (Ecole italienne, XVIIe siècle) deux têtes seulement, l'archange Gabriel et la Sainte Vierge, qui respirent quelque chose d'angélique ; quelques fautes de dessin font hésiter certains connaisseurs sur la provenance de ce travail ; mais la plupart trouvent que l'expression, le coloris et la main du maître se retrouvent dans ce panneau ; de l'autre côté du sanctuaire, au-dessous de la Naissance de Notre-Seigneur, remarquez une *Famille en prière*, de l'époque de Charles VI, peinture sur bois (École italienne, fin XVe siècle).

Huit reliquaires en bois doré garnissent les côtés de l'autel, mais les reliques, pendant la guerre et à cause des événements qui pouvaient survenir, ont été enlevées et mises en lieu sûr.

Ils contenaient un fragment assez considérable d'un ossement de saint Louis et de la bienheureuse Isabelle sa sœur, ainsi qu'une mèche de ses cheveux, une portion considérable d'un de ses vêtements. Ces reliques, appartenant à la dernière abbesse de Longchamps, furent données par elle, à sa mort, à M. Coroller.

Dans l'intérieur de la chapelle, à droite, une *Dernière communion de saint Louis*, par Ary Scheffer (1893). L'expression des personnages respire la foi et la piété, ce qui peut étonner de la part d'un protestant qui ne croit pas à la présence de Notre-Seigneur dans la sainte Eucharistie. A droite et à gauche de cette toile, deux statues en bois doré de la Sainte Vierge et de saint Joseph.

Au-dessous, une *Sainte Thérèse*, de l'École espagnole (XVIIe siècle), et une *Descente de Croix* de l'École française (XVIIe siècle).

A gauche, dans la chapelle, le *Repos en Égypte*, attribué à Mignard ; l'*Apparition de saint Bruno au comte Roger* (École française, XVIIe siècle).

Au-dessous, une *Sainte Thérèse* (École espagnole, XVIIe siècle) qui sert de pendant à celle qui est en face, de la même époque et de la même école. Enfin, sur la face des deux pilastres qui sont à l'entrée, à gauche, se trouve : *La Manne au désert* (Bonnegrâce, 1864). Celui qui lui fait face est sans doute *Une pêche miraculeuse*. Au-dessous de ces grands tableaux, un *Saint Jérôme dans le désert*, attribué à Vélasquez, et une *Descente de Croix*, qui semble une copie de Jouvenet (École française, XVIIe siècle); quatre têtes en bois sculpté terminent la décoration.

La chapelle du Sacré-Cœur, placée à côté de celle de la Communion, en remontant le bas-côté de droite, n'est peut-être pas la plus belle dans son ensemble, mais, assurément, elle est une des plus curieuses de l'église par les trésors qu'elle renferme. L'autel est d'une grande simplicité, mais au-dessous se trouve *un retable* en bois

Mort de la Sainte Vierge (Ecole flamande du XVIe siècle.)

(page 47.)

Descente de Croix (Ecole française du XVIIe siècle).

(page 44.)

sculpté, du xviie siècle, représentant la *Résurrection de Lazare*. Il est doré sur couleurs par un procédé qui n'est plus connu aujourd'hui et laisse apercevoir différents reflets. Au pied de la croix sur la porte du tabernacle, *deux figurines* de la Sainte Vierge et de saint Jean, postérieures au xviie siècle. Derrière l'autel, *Saint Jean reposant sur la poitrine de Notre-Seigneur,* tableau d'une grande expression religieuse ; il est l'ouvrage de S. A. R. la princesse Blanche d'Orléans, et donné par elle en 1884. Au-dessus de cette toile, *le Cœur de Jésus transpercé sur la Croix,* par Dauban (1875).

Sur les panneaux de chaque côté de l'autel, *deux cadres* de forme ogivale : *le Sauveur bénissant le monde*, une *Jeune sainte* (École italienne du xve siècle), un *Saint François d'Assise* (École italienne du xviie siècle) et enfin une *Sainte Claire d'Assise* (École italienne du xve siècle).

Au côté opposé à l'autel et lui faisant face, on peut admirer *un superbe retable*, en bois sculpté et doré, de (l'École flamande du xvie siècle), représentant *la Mort de la Sainte Vierge*, dont l'âme, sous la forme d'un petit enfant, est emportée au ciel par Notre-Seigneur. Elle est entourée par les douze apôtres dont quelques-uns sont admirablement traités.

Au-dessous de ce retable, voyez l'inscription suivante, écrite à la mémoire du poète Quinault.

D. O. M.

Philippus Quinault, in suprema computorum curia auditor, Academiæ Socius, scriptis clarissimus innumeris, obiit sacrosanctis Ecclesiæ Sacramentis mira pietate munitus. Atque hac in Ecclesia sepultus est XXVI die Kal. Nov. anno salutis reparatæ

MDCLXXXVIII

C'est-à-dire :

« Philippe Quinault, auditeur à la Cour des Comptes, membre de l'Académie française, très connu dans son temps par un grand nombre d'écrits, rendit son âme à Dieu, après avoir donné l'exemple d'une grande piété dans la réception des sacrements. Il fut enterré dans cette église le 26 novembre 1688. »

Philippe Quinault, comme on le sait, est le créateur de la tragédie lyrique en France ; ses vers sont remarquables par la douceur de l'harmonie et ne manquent ni de noblesse ni d'énergie. Boileau l'a sévèrement jugé, mais ses critiques ne s'adressent qu'aux ouvrages que Quinault avait faits avant de s'être exercé dans le genre où il a ensuite excellé. Nos édiles ont été moins sévères pour lui que Boileau, ils l'ont regardé à juste titre comme une des gloires de la capitale et n'ont pas hésité à placer sa statue sur la façade de l'Hôtel de Ville. Sa réputation lui vient surtout de ses opéras que Lully a fait connaître et aimer par une musique savante et animée. Sa mort fut fort édifiante, et ses biographes s'accordent à dire qu'il y manifesta les plus beaux sentiments de piété et de religion. Cette grâce lui fut sans doute obtenue par les prières de ses filles dont trois sur cinq étaient religieuses. Sur la fin de sa vie, il regretta le temps qu'il avait employé à des occupations profanes et ne fit que des vers à la gloire de Dieu, et l'épitaphe qu'il avait composée pour lui, quoiqu'elle n'ait jamais été mise sur sa tombe, était digne d'un chrétien. La voici :

PASSANT, ARRÊTE ICI, POUR PRIER UN MOMENT,
C'EST CE QUE DES VIVANTS, LES MORTS PEUVENT ATTENDRE,
QUAND TU SERAS AU MONUMENT,
ON AURA SOIN DE TE LE RENDRE.

Chapelle de la Sainte Vierge.

(page 52.)

La sépulture d'un évêque.

La Flagellation.

Deux bustes en bois décorent le panneau sur lequel est inscrite l'épitaphe que nous avons rapportée.

Le milieu du panneau qui est au-dessous de la fenêtre est occupé par une statue du Sacré-Cœur, de facture moderne, l'expression en est douce. A droite et à gauche, *Saint Jérôme* et *Saint François d'Assise* de fra Bartholomeo ; une *Jeanne d'Arc* de la fin du xve ou du commencement du xvie siècle ; elle a l'auréole, ce qui prouve qu'on la regardait déjà comme une sainte (1). Enfin une *Sainte Claire* tenant le Saint Sacrement et dont les vêtements sont du xve siècle.

Nous passons maintenant à la chapelle de la Sainte Vierge qui est moins riche que la précédente, mais plus gracieuse. Son architecture lui suffit et, disons-le, les richesses étrangères y seraient déplacées. Elle est aménagée avec un rare bonheur, au fond de l'aile droite de la croisée qu'elle occupe en entier, les angles en sont élégamment arrondis et chargés de très beaux reliefs au-dessus des deux portes en chêne rehaussées d'or qui lui donnent un air de riche salon Louis XV. Les deux médaillons sont taillés dans la pierre et représentent l'Annonciation et la Visitation de la très Sainte Vierge. Son autel en marbre du Languedoc est surmonté d'une grande niche de marbre également.

Là est placée une magnifique statue de la Sainte Vierge, en pierre ; elle est l'ouvrage de La Datte, un des plus habiles sculpteurs du xviiie siècle ; on peut critiquer

---

(1) Il paraît bien difficile de maintenir le nom de *Jeanne d'Arc* à la vieille peinture sur bois. M. Bossuet estimait que c'était l'un des très rares monuments représentant la bienheureuse avec *l'auréole*. C'est encore là un des points obscurs que les iconographes érudits peuvent seuls éclaircir.

Chapelle de Sainte-Madeleine.

(page 55.)

la manière dont elle est drapée, et qui est peut-être un peu prétentieuse, mais on ne peut lui refuser une grande majesté. L'Annonciation et la Visitation sont des plus bas-reliefs de l'école française du XVIIIe siècle. En dehors de la chapelle, on peut voir, sur les piliers : à gauche *la dernière Communion de saint Louis*, à droite *la Sainte Famille*. (Le cadre vaut mieux que la peinture.)

Après la chapelle de la Sainte Vierge, voici celle de Sainte-Madeleine.

Sur l'autel, *un reliquaire* sans relique, en bois doré, forme tombeau, style gothique flamboyant du treizième siècle, accompagné de deux statues en terre cuite, décorées. Avant d'y entrer, regardez ce tableau, sur le pilier de gauche, fort remarquable et très original : c'est la *copie* exacte et gracieuse *du calice* offert par mon prédécesseur, M. l'abbé Bossuet, au Cardinal Lavigerie, en souvenir de l'union de prières établie entre la cathédrale de Carthage, bâtie à l'endroit même où saint Louis rendit le dernier soupir, et la paroisse de Saint-Louis-en-l'Ile. Ce calice, fort riche, représente, dans de très beaux émaux fabriqués à la manufacture de Sèvres, l'histoire complète de l'Eucharistie.

Sur la coupe, nous voyons dans trois miniatures l'Eucharistie prévue de toute éternité par les trois personnes de la Sainte Trinité. Le Fils en croix est soutenu par le Père éternel, et le Saint-Esprit plane au-dessus. En pensant à l'Incarnation, ils pensent aussi à l'institution du Sacrement de l'Eucharistie. Au bas de cette image, on lit l'inscription : *Ab æterno*. Le second émail nous montre la manducation de l'agneau pascal chez les Juifs, figure de l'Agneau divin immolé tous les jours sur les autels du monde catholique, avec cette inscription : *In figura*. Enfin le troisième émail nous représente le sacrifice lui-même avec les effets qui s'ensuivent : Notre-Seigneur en croix consomme son sacrifice ; d'un côté, la Synagogue, les yeux bandés, avec les tables de la loi brisées, nous montre la fin de l'ancienne loi ; de l'autre côté, c'est l'Eglise, la tête coiffée de la tiare, qui reçoit dans une coupe le sang qui s'échappe du cœur du Sauveur, source des grâces dont elle est établie la dispensatrice. Le mot : *Consummatum est* surmonte cette image. Mais, pour recevoir dignement l'Eucharistie, il faut dans le cœur certaines dispositions qui peuvent se résumer dans l'exercice des trois vertus théologales ; aussi, sur le pied du calice, voyons-nous, en face de la Pensée Eternelle qui songe à l'institution du sacrement, la Foi, personnifiée par une femme habillée de bleu. Au-dessous de la Pâque de la figure, c'est l'Espérance, aux vêtements verts ; et pour correspondre au sacrifice, c'est la Charité. Les trois mots : *Credo, Spero, Amo,* « je crois, j'espère, j'aime » sont gravés au-dessus des trois vertus. Le nœud du calice est formé lui-même de trois grosses pierres précieuses aux couleurs adoptées pour symboliser les trois vertus : une améthiste, une émeraude et un grenat. S'il faut des vertus pour recevoir son Dieu, humilié, dénué de tout et souffrant de cruels tourments, il y a aussi des vices qu'il faut absolument extirper de son cœur ; ces vices opposés au sacrifice du Dieu mourant sont surtout l'orgueil, l'amour de l'argent et l'amour des plaisirs. Sur le pied du calice, ces trois péchés sont représentés sous la forme de trois dragons rampants, en argent repoussé : l'Orgueil, couronné de lys, jette autour de lui un regard rempli d'arrogance ; l'Avarice tient dans ses griffes une bourse pleine d'or qu'elle dévore des yeux avec convoitise ; la Sensualité est couronnée de roses ; mais

Crucifiement de Notre-Seigneur.

(page 62.)

Couronnement de Marie.

(page 65.)

Naissance de Marie.

(page 62.)

ces trois démons sont terrassés par trois archanges également en argent repoussé qui se trouvent sur la coupe entre les émaux.

L'Orgueil est terrassé par l'archange saint Michel, défenseur des droits de Dieu sur Lucifer ; l'Avarice, par l'archange Raphaël, qui refuse de Tobie la somme qui lui est offerte ; la Sensualité, par l'archange Gabriel.

Les effets de l'Eucharistie sont exprimés sur la patène : au centre, l'Agneau immolé ; au-dessus, le Père Eternel entouré des anges et des saints prosternés devant lui et lui offrant la divine Victime ; ces paroles sont gravées autour du sujet : *Deum honorat*, « l'Eucharistie honore Dieu ». L'encadrement est formé par une guirlande de boutons d'or et de bleuets : d'un côté, les effets de l'Eucharistie sur la terre, des personnes de toutes conditions venant y puiser les forces nécessaires à la vie chrétienne, des enfants, des vieillards, des rois et des pauvres, des blancs et des nègres, avec cet exergue : *Vivos adjuvat*, « l'Eucharistie soutient les vivants ».

Son cadre est formé d'une couronne d'épines et de roses pour montrer que si dans la sainte communion on rencontre des consolations, on y trouve aussi des épines par les difficultés qu'on éprouve pour s'en rendre digne. Enfin, son effet pour les morts : *Defunctis requiem præstat*, « Elle est pour les défunts la source du repos éternel ». Les pauvres âmes du purgatoire recevant seulement des prières des vivants, et surtout du sacrifice divin offert à leur intention, le repos, la lumière et la paix, une guirlande de myosotis, appelé aussi pensez-à-moi, enferme cette image.

Cette copie du calice est exécutée sur velin par une main habile et pieuse, comme on peut le constater, et elle est agrémentée de fleurs de lys et de plusieurs déco-

Saint Vincent de Paul prêchant à ses religieuses.

(page 66.)

rations d'un bel effet. Ce tableau, placé autrefois au bas de l'église dans un endroit obscur, vient d'être mis à la chapelle Sainte-Madeleine, près du monument du donateur.

Au-dessus de l'autel, Notre-Seigneur apparaissant à sainte Madeleine après la résurrection (Ecole française, fin du XVIIe siècle).

De chaque côté de ce tableau, on voit deux beaux flambeaux Louis XVI.

Au-dessus, l'Apothéose de sainte Madeleine (Ch. Lefebvre 1862. Ecole française, 1861-1862). Au-dessous, Notre-Seigneur apparaissant à sainte Madeleine après sa résurrection. En face, également de Lefebvre, la Madeleine essuyant avec ses cheveux les pieds du Sauveur.

Sur le panneau, on remarque *cinq bas-reliefs* très curieux. Au milieu, le *Crucifiement de Notre-Seigneur*. L'âme du bon larron, sous la figure d'un petit enfant, est enlevée par un ange, et celle du mauvais larron, sous la forme d'un têtard de crapaud, est emportée par le diable. A gauche, *la Flagellation* et *la Sépulture d'un évêque* (albâtre du XIVe siècle) ; à droite, le *Couronnement de la sainte Vierge* et *sa Naissance* (albâtre, fin du XIVe siècle).

La *Descente de croix*, peinture sur bois (École italienne, XVIe siècle), *Saint Ignace de Loyola*, peinture sur cuivre. Au milieu, monument commémoratif de l'abbé Bossuet élevé par la générosité des paroissiens en reconnaissance de son zèle pour la restauration de leur église. A la mémoire de ce prêtre aussi pieux que distingué, qu'on me permette de reproduire ici, à sa louange, la note que mon prédécesseur, M. Delaage, donna au moment des inventaires, et qui est un extrait du procès-verbal de protestation.

Apparition de Jésus à sainte Thérèse.

(page 66.)

L. a. N.
A
Bossuet
Curé
Restaurateur de cette église.

Que fit ce prêtre ? Je vais le dire. Retenez-le bien, c'est le seul renseignement que je puisse vous fournir.

Lorsqu'il vint ici en 1864, cette église ne s'était pas encore relevée des désastres qu'y avait causés la Révolution. Il aima son église d'un grand amour. Il la voulut belle pour Dieu qui l'habite et pour le peuple chrétien qui la fréquente. Il se mit à l'œuvre sans compter. Il fit gratter les murs, les fit décorer, assembla des œuvres d'art innombrables, les répandit à profusion dans l'église. Quand, vingt-quatre ans plus tard, il mourut, il pouvait être satisfait : son œuvre était achevée. Il avait dépensé plusieurs centaines de mille francs, et, pour ne laisser aucune charge à ses successeurs, il s'était ruiné lui-même ; il avait tout vendu, tout jusqu'à ce qui est le plus cher à un lettré, une bibliothèque inestimable, patiemment réunie, autre œuvre de sa vie. Quelques amis durent lui acheter un coin de terre pour reposer et un vicaire donna un drap pour l'ensevelir. La reconnaissance lui éleva ce monument.

Le *Couronnement de la Vierge* est en marbre blanc du XVIe siècle, et les trois personnes de la Sainte Trinité sont sous la forme de trois personnages couronnés et distincts. Les quatre autre reliefs sont un genre d'albâtre du XIVe siècle ; on remarque encore des restes de peinture et de dorure qui les décoraient, remarquez l'*Annonciation* (de l'École de Fra Angelico).

En continuant notre pèlerinage, nous trouvons à la suite la chapelle de Saint-Vincent de Paul. Sur l'autel qui autrefois contenait les reliques du saint, sont *deux anges* en bois sculpté et doré genre Louis XIV.

Au-dessus de l'autel, saint Vincent de Paul adresse une exhortation à ses religieuses : au-dessus, l'Apothéose du saint ; en face, il est représenté au milieu de ses prêtres et de ses sœurs ; enfin une allégorie figurant la Charité, ces quatre tableaux sont de Jeanron (École française, 1810-1877).

Sur le panneau de face un *fort beau médaillon* en marbre blanc, de la Sainte Vierge, par Canova. Ce médaillon surmonte une inscription récente rappelant, dans un style tiré des catacombes et qu'on ne devrait pas employer, à mon humble avis, pour des particuliers, que Mme Petit-Deslandes, femme d'un conseiller de la Cour des comptes, a été enterrée dans cette église, le 18 janvier 1753.

A droite et à gauche, *deux reliefs* en marbre, de la fin du xvie siècle : la sépulture de Notre-Seigneur et la Cène, et un en albâtre, du xive, l'Assomption de la sainte Vierge enlevée au ciel par les anges.

Suit la chapelle de Sainte-Thérèse.

Sur l'autel on voit l'apparition de Jésus enfant à la sainte, tableau si souvent reproduit par la photographie ; au-dessus, Jésus dans le temple, au milieu des docteurs ; en face, Notre-Seigneur bénissant les enfants, et un saint Jean Baptiste. Ces quatre toiles sont signées de Lecomte Vernet (Ecole française 1860-1868). Sur le panneau de face, trois belles faïences italiennes, xviie et xviiie siècle, qui semblent des copies de Rubens ; au milieu, *l'Adoration des bergers*, à gauche, *l'Adoration des mages ;* à droite, un *Religieux de saint François* prêchant à un auditoire dont les costumes sont du temps de Louis XV. Deux petites statuettes sans valeur de saint

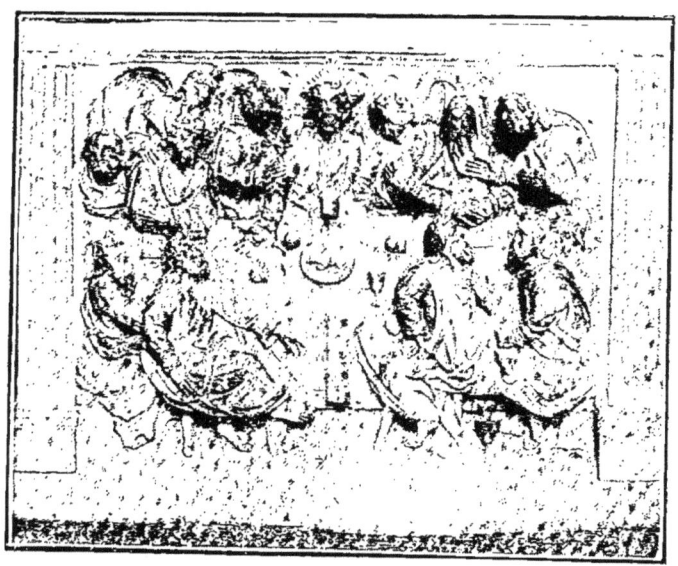

La Cène.

(page 66.)

La sépulture de Jésus-Christ.

(page 66.)

Louis et de sainte Thérèse se trouvent sur l'autel.

A l'angle arrondi qui se présente après cette chapelle placée à l'extrémité orientale du collatéral du sud, est la porte de la sacristie ; au-dessus de cette porte on a placé un *bas-relief en terre cuite*, c'est le *Mariage de saint Joseph* signé Duseigneur, l'auteur du Chemin de la Croix.

Cette sacristie est une salle basse, étroite, tout à fait insuffisante, mais qui renferme de véritables trésors ; je veux parler des *ornements précieux brodés peut-être par la Bienheureuse Isabelle, sœur de saint Louis*, abbesse de Longchamps ; ces broderies à personnages de soie et d'or restaurées par la manufacture des Gobelins avec un goût exquis, avaient disparu au moment de la Révolution, lors du pillage de l'Abbaye royale qui occupait le champ de courses actuel du Bois de Boulogne.

Qu'on me permette ici un détail peu connu et pourtant très intéressant, au sujet de ces tapisseries.

Un jour, l'abbé Bossuet, vicaire à Notre-Dame de Lorette, devenu plus tard curé de Saint-Louis, qui possédait une maison de campagne avec une petite chapelle située là où se trouve aujourd'hui la grande cascade, fut appelé chez un mourant : c'était l'ancien jardinier de l'abbaye. Le prêtre remarque des bandes d'étoffes anciennes et ternies que le pauvre vieillard employait comme bourrelets autour de sa porte et de sa fenêtre. Il les examine en artiste, après avoir accompli son ministère ; c'étaient, coupés par morceaux, les superbes ornements de l'ancienne église abbatiale, recueillis par le vieux jardinier qui connaissait leur provenance, mais il les employait à ces vils usages, sans connaître leur prix inestimable. Quand on le lui révéla, il voulut que l'œuvre de la Bienheureuse Isabelle de Longchamps fût restituée au culte, sans autre dédommagement que des bourrelets neufs.

Ces ornements, réparés, ont trouvé leur vraie place au cœur du vieux Paris, dans le sanctuaire consacré à saint Louis. Pour être vrai et pour éviter les exagérations, nous devons ajouter que la plupart des broderies sont bien du XIIIe siècle, mais qu'il s'en trouve aussi du XVe et même du XVIe, toutes, cependant, proviennent de la célèbre abbaye.

Trois chapelles occupent l'abside. Dans la première, chapelle de la Bienheureuse Isabelle, sur une colonne en marbre, repose sur un beau piédestal en bronze une *statue de Notre-Dame de Lourdes,* c'est la copie de la statue de l'Immaculée Conception qui dominait le meuble offert au Pape Pie IX et contenant, dans toutes les langues du monde, la traduction de la Bulle de la définition du dogme de l'Immaculée Conception. Cette œuvre d'art, admirée à l'Exposition universelle de Paris, en 1878, a été offerte au Saint-Père par un des associés de la maison Christophe, à Paris, qui a voulu mettre sa famille sous la protection de Marie : les têtes de ses enfants avec leurs initiales sont représentées sur le socle de la statue.

Les boiseries des panneaux représentent six apôtres : les saints Paul, Jean, Philippe, Jacques Alphée, Barthélemy et Jude.

Sainte Isabelle est peinte dans un vitrail donné par la Ville de Paris en 1841.

Le vitrail représente la Bienheureuse Isabelle de France, sœur de saint Louis, fondatrice de l'abbaye de Longchamps.

Au bas, on lit cette inscription :

« C'est une chose plus grande d'occuper la dernière

Les apôtres peints sur cuivre par Lebrun.

place parmi les vierges consacrées au Seigneur que d'être impératrice et la première femme du monde. »

Les fresques en grisailles symbolisent la Force et la Prudence.

Retournez-vous, et là, sur les piliers qui se trouvent derrière le chœur, vous pouvez voir deux belles plaques de marbre avec deux épitaphes que M. Bossuet a placées : à la mémoire de sa mère, d'une de ses parentes et de Sœur Marthe. Ces deux plaques se trouvaient autrefois en dedans des grilles et peu visibles, surtout pour les visiteurs qui voulaient lire les inscriptions. C'est le curé actuel qui les a fait mettre là pour qu'on puisse les mieux voir ; au-dessus de la plaque de gauche, on a mis également le médaillon représentant M. Bossuet ; c'était indiqué : le Fils au-dessus de la Mère.

Qu'était donc cette sœur Marthe par rapport à M. Bossuet.

Sœur Marthe (Anne Biget) naquit à Torraise (près de Besançon), le 27 octobre 1749. Elle donna dès son enfance les marques d'un grand attrait pour la charité.

Elle entra à la Visitation et y demeura comme sœur laïque pendant vingt ans. Elle secourait les pauvres, les malades, les blessés, et distribuait les aumônes du couvent, ainsi que celles de l'archevêque de Besançon, Mgr de Durfort.

Forcée en 1790, par la suppression des ordres monastiques, de quitter la Visitation de Besançon, elle demeura néanmoins dans cette ville. Là, pendant tout le reste de sa vie, revêtue de son costume religieux, elle continua à être la providence des pauvres, des malades, des prisonniers, et au temps des guerres, des blessés militaires.

Elle mourut le 29 mars 1824.

Telle fut sa célébrité que, lorsqu'en 1852 Louis-Napoléon, président de la République, décora la sœur Rosalie, le décret portait ces mots : « Considérant que, depuis cinquante ans, la Sœur Rosalie, par les soins de tous genres qu'elle a prodigués aux pauvres et aux malheureux, s'est montrée la digne imitatrice de la *Sœur Marthe,* glorieusement décorée par l'Empereur... »

En réalité, Sœur Marthe ne porta jamais la croix de la Légion d'honneur. Cette distinction lui avait bien été accordée par l'Empereur, mais l'invasion de 1814-1815 ne permit pas qu'elle reçût le brevet.

Ces détails biographiques sont tirés de la *Vie de Sœur Marthe* par M. Gaétan Brianchon, son neveu par alliance.

Pour l'intelligence de notre inscription que nous avons placée bien en vue sur un des piliers, derrière le maître-autel, il convient d'ajouter les lignes suivantes tirées littéralement de l'ouvrage de M. Brianchon :

« Si, pour se soumettre aux dernières volontés de la Sœur Marthe, ses frères ne lui élevèrent pas de monument, c'était, nous le croyons, leur devoir. Mais les neveux et les petits-neveux de la sainte femme n'étaient pas dans la même obligation ; ils ont pensé, au contraire, que leur devoir à eux était de rendre hommage à sa mémoire par un signe matériel, par une plaque commémorative, un cénotaphe ; ce souvenir existe aujourd'hui : il est placé sous la voûte d'une chapelle...

« Près Paris, à l'extrémité du Bois de Boulogne, une petite chapelle se cache sous les ombrages : elle est dédiée à la Sainte Vierge, c'est la Notre-Dame des Bois. Sa nef ogivale abrite sous ses arceaux le simple monument : c'est là qu'est placé le cénotaphe de la Sœur Marthe...

« La chapelle dans laquelle il est érigé appartient à M. l'abbé Bossuet. Il l'a fait bâtir en souvenir de sa mère : des reliques de son illustre famille y sont déposées sous l'autel...

« Des vitraux d'un beau style XIVe siècle, artistement peints et composés, éclairent le pieux édifice. Celui du centre représente une peinture de la Vierge Marie...

« Sur les deux vitraux, à côté, on voit dans celui de droite, le portrait du puissant orateur de la chaire chrétienne, du grand Bossuet.

« Sur le vitrail de gauche est le portrait médaillon de l'humble religieuse dont le nom était Sœur Marthe.

« M. Bossuet a voulu, par vénération pour la vertu de Sœur Marthe, et par amitié pour sa famille, la placer en regard de ce vertueux évêque, de ce courageux défenseur de l'Eglise...

« Deux marbres commémoratifs sont placés, l'un à droite, l'autre à gauche de l'autel : le premier est élevé à la mémoire de Mme veuve Bossuet et de Mme la Baronne de Villefrey, son amie : celui de gauche est le cénotaphe de la vénérable Sœur Marthe.

« M. l'abbé Bossuet, de concert avec la famille de la sainte religieuse, a voulu honorer sa mémoire et lui consacra ce souvenir.

« Sur ce cénotaphe est gravée l'inscription suivante :

A LA MÉMOIRE
DE SŒUR MARTHE, ANNE BIGET
RELIGIEUSE DE LA VISITATION DE SAINTE MARIE
NÉE A TORRAISE, DOUBS, LE 27 OCTOBRE 1749
DÉCÉDÉE LE 19 MARS 1824, A BESANÇON
OU, PENDANT CINQUANTE ANS, ELLE SE DÉVOUA
AU SOULAGEMENT DES PAUVRES,

L'Annonciation. (page 84.)

L'Assomption. (page 66.)

DES MALADES, DES BLESSÉS ET DES PRISONNIERS.
BESANÇON HONORE SON COURAGE ET SA VERTU.
NAPOLÉON RÉCOMPENSA SON DÉVOUEMENT
ELLE REÇOIT DES DÉCORATIONS D'HONNEUR DU ROI
LOUIS XVIII ET DU MINISTRE DE LA GUERRE.
LES SOUVERAINS DE PRUSSE, D'AUTRICHE ET DE RUSSIE
LA DÉCORENT DE MÉDAILLES D'OR, POUR LES SOINS
QU'ELLE DONNA A LEURS SOLDATS PRISONNIERS.

« Au-dessous de cette inscription, les deux lignes ont été gravées, selon le désir de M. l'abbé Bossuet :

« Hommage de Mme Brianchon, nièce de la Sœur Marthe, et de son mari, architecte de cette chapelle. »

« Nous devons dire, pour l'exactitude du fait, au sujet du titre d'architecte qui nous est donné ici, que M. l'abbé Bossuet a donné les idées, indiqué la forme et le style de sa charmante construction, et l'élégante chapelle qui en fait partie, avec tant de clarté et une si juste précision, que l'architecte n'a eu qu'à faire les dessins et à donner les détails d'exécution.

« Il a paru indispensable de figurer les décorations dont Sœur Marthe a été honorée : elles sont peintes sur le marbre.

« Au-dessus des décorations est sa croix d'argent de religieuse, par opposition aux pompeuses décorations des rois. Le lierre agreste et sombre, l'humble lierre, ami des chaumières et des tombeaux, encadre le marbre funéraire.

« Tel est le cénotaphe élevé à la mémoire de la Sœur Marthe dans la chapelle de Notre-Dame des Bois. La piété filiale a fait élever la chapelle, un pieux respect pour l'héroïne de la charité, une sainte vénération pour la vertu a fait dresser le cénotaphe.

« Nous l'avons dit, la chapelle de M. l'abbé Bossuet est située à l'extrémité du Bois de Boulogne, sur l'avenue de Madrid, ell : fait partie d'une charmante habitation et n'a rien d'apparent...

« Elle est sur la même ligne que Madrid et Bagatelle ; l'une la précède, l'autre la suit immédiatement. » *(Vie de la Sœur Marthe*, p. 291 à 298 *passim.)*

M. Bossuet, ayant dû plus tard abandonner sa propriété et sa chapelle, transféra les deux plaques de marbre dans l'église Saint-Louis-en-l'Ile.

La voussure de la chapelle centrale, que l'on peut apercevoir du fond de l'église par l'arcade ouverte, est décorée, sur fresques à la cire, de plusieurs peintures, qui retracent des traits de la vie de saint Louis : saint Louis reçoit la croix, il confie l'administration de son royaume à l'abbé de Saint-Denis. Saint Louis sous les fers, saint Louis sur son lit de mort. Au point culminant, deux anges portent une châsse ; les quatre évangélistes, deux sur chaque face, occupent les espaces latéraux, et quatre anges tiennent en leurs mains les instruments de la Passion. Le vitrail de la fenêtre nous montre saint Louis en habits royaux. Dix sujets empruntés à la vie du saint sont traités en bordure du vitrail, les dessins ont été composés par Baltar et exécutés par Vigué, les fresques sont de Jollivet.

Sur la porte du Tabernacle est une *Naissance de Notre-Seigneur*, peinture sur cuivre ; deux statues en bois doré l'accompagnent : la Sainte Vierge et un évêque. Sur les panneaux sont fixés *quatre tableaux sur bois : une sainte couronnée* (Ecole française du XVIIe siècle), *la Sainte Vierge* genre de la Vierge de saint Luc (Ecole italienne du XVe siècle), *saint Barthélemy* (Ecole italienne du XVe siècle), *la Sainte Face* (Ecole

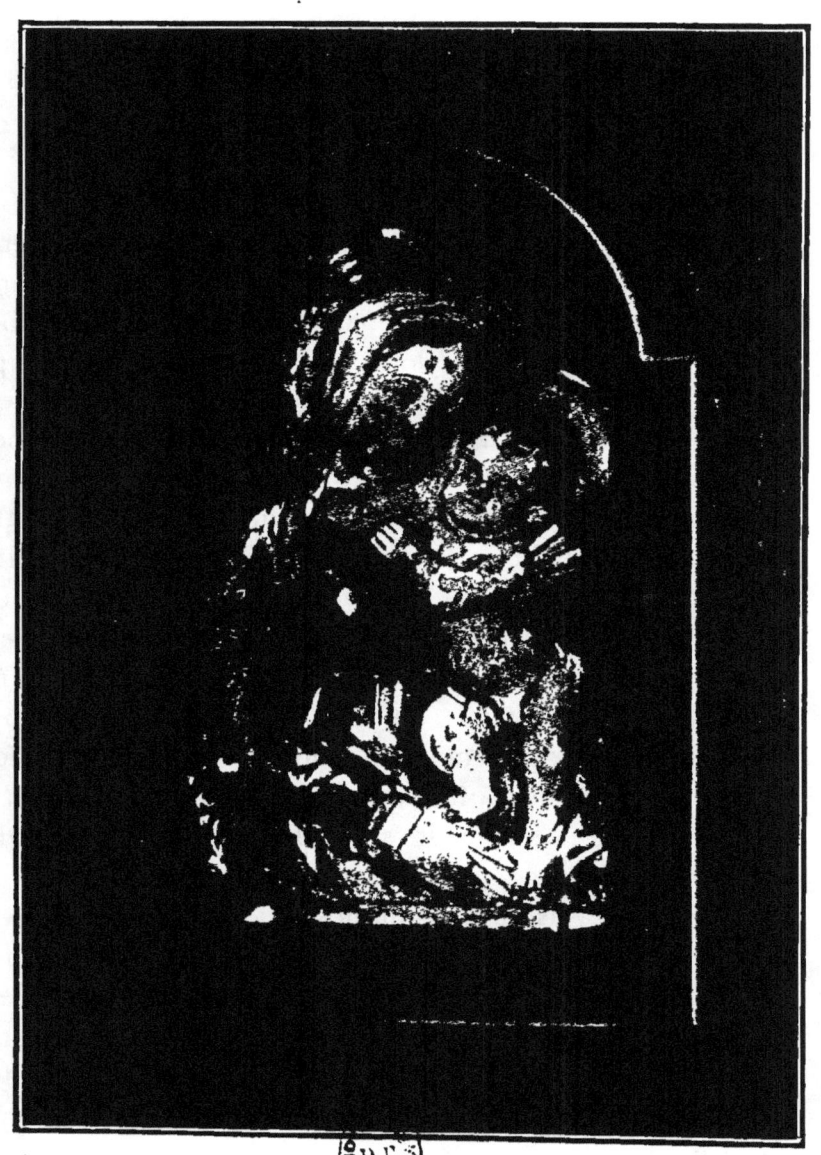

Faïence de Venise.

(page 84.)

italienne du xviie siècle. Enfin, voyez les peintures sur bois, hors de la chapelle, sur les piliers : à gauche, le couronnement de la Vierge ; à droite, la flagellation de Jésus-Christ. Hauts-reliefs, albâtre xive siècle.

La petite chapelle qui vient ensuite contient une *belle statue* en bronze de saint François d'Assise ; en contemplant la figure du Saint on voit que le haut du visage respire la vie, tandis que la partie inférieure ressemble à un mort, l'esprit est déjà au ciel, parce que son corps est déjà mort à la terre. Six apôtres en menuiserie : saint Thomas, saint Simon, saint Jacques, fils de Zébédée, saint André, saint Matthieu, saint Pierre, avec leurs caractéristiques, terminent l'ornementation de cette chapelle, à gauche on voit la Prudence, à droite la Force, grisailles par Norblin, paroissien de Saint-Louis, 1845. Le vitrail, donné par la ville de Paris, en 1841, représente Blanche de Castille, mère de saint Louis, au bas du vitrail, on peut voir cette inscription :

« Mon fils, je vous aime bien tendrement, mais je préférerais vous voir mort que vous savoir en péché mortel. »

Les sculptures sur bois sont du xixe siècle (École française).

Dans notre église nous sommes arrivés à l'angle qui va devenir le point de départ pour visiter les chapelles du collatéral du nord ; c'est ici la porte percée au coin des rues Saint-Louis et Poulletier. Ses vantaux intérieurs symétrisent avec ceux de la sacristie, au-dessus de cette porte est *une terre cuite : la Mort de saint Joseph,* par Duseigneur.

La chapelle de Saint-François de Sales contient d'abord, au-dessus de l'autel : un saint François de Sales par Daniel Hallé, qui passe pour être un très fidèle portrait du saint évêque de Genève ; on voit également le

Chapelle de Saint-Denis. *(page 84.)*

Mater Dolorosa.

(page 84.)

même saint dans les montagnes du Chablais et dans une rue de Genève, puis donnant à Madame de Chantal les règles de l'ordre de la Visitation, de Jobbé-Duval. Les figures de ces tableaux sont pleines d'une certaine expression de rudesse montagnarde qui manque de sentiment religieux. On voit aussi : la *Douceur* de Jobbé-Duval, représentée par une femme qui charme des oiseaux. Sur les panneaux : *trois faïences*, une de Venise et ancienne, ayant appartenu à la duchesse de Berri, c'est *une Vierge* avec l'Enfant Jésus.

Des deux côtés, l'*Annonciation*, faïence du XVIIe siècle, et la *Naissance de Jésus*, faïence moderne, copie de l'École italienne du XVIe siècle. Sur l'autel, deux statuettes en bois, du XVIIe siècle ; un *Ecce Homo* et une Vierge au pied de la Croix.

Dans la chapelle dite de la Compassion sont trois tableaux de Lehmann : La Vierge au pied de la croix (1147), son Assomption (1146), en face, la Vierge présente l'Enfant Jésus aux adorations des hommes. Au-dessous un tableau de Lafond, assez fade comme composition, c'est une jeune fille, étendue et appuyée sur ses coudes.

Sur les panneaux admirons, à gauche, une Vierge du XVIe siècle, peinture sur bois, de l'Ecole italienne. A droite, une *Mater dolorosa*, de l'Ecole française du XVIIe siècle. On voit là une ancienne pierre tombale de Mme de Nancré, enterrée dans l'église en 1735, et une Assomption, albâtre du XVIe siècle. Sur l'autel, deux statuettes en bois sculpté et doré du XVIIe siècle : la Sainte Vierge et l'Enfant Jésus et un *Ecce Homo*.

La chapelle suivante est dédiée à saint Denis. On y voit un tableau de Ducornet (1844) représentant saint Denis et ses compagnons prêchant la foi chrétienne. Ce tableau n'est pas très remarquable, mais il a le mérite

L'Annonciation (Faïence de XVIIe siècle.)

(page 84.)

Naissance de Jésus (Faïence moderne. École italienne du XVIe siècle.)

(page 84.)

d'avoir été fait par un peintre né sans bras : l'artiste peignait avec ses pieds. On voit souvent des artistes qui ne font pas si bien avec leurs mains. Devant ce tableau, sur l'autel, un groupe de statuettes représentant une *Descente de Croix*. Le Christ est étendu à terre, Marie soutenue par une sainte femme le regarde avec douleur, trois disciples les accompagnent. Ces figures du XVIIe siècle sont vraiment bien réussies. On voit quelquefois, dans les scènes de la Passion, la Sainte Vierge ou se livrant à des démonstrations exagérées ou d'une surprenante indifférence ; ici, son visage est très expressif, empreint d'une grande douleur, mais respirant en même temps une résignation parfaite. Au-dessus de l'autel, on remarque les *Corps de saint Denis et de ses compagnons, retrouvés et ensevelis*, de Lenepveu (1862); en face, leur *Martyre* par le même avec une allégorie : la *Foi* (1861).

Remarquez aussi *deux vieilles peintures* sur bois du XVIe siècle, qui formaient un ancien panneau de porte et sous forme de triptyque représentent la Naissance de Jésus-Christ, l'Adoration des Mages, la Fuite en Égypte, XVe siècle (Ecole du Pérugin). Au milieu sont deux groupes des membres de la famille de Bailleul, dont plusieurs sont enterrés dans cette église : Ecole française, XVIIe siècle. D'un côté c'est un prêtre à genoux ayant près de lui saint Jean-Baptiste son patron. Une inscription, se rapportant aussi à l'autre sujet, est écrite en lettres d'or :

> Paindre ma faict Maître Jean de Bailleul,
> Au nom de Dieu et pour avoir mémoire
> Des deulx professe qu'ichy voies à l'œul,
> Tous de Béthune et tous vivants encoire,
> Notre bon Dieu les vœlle tous conduire

Tant qu'ilz feront en ce val transitoire,
Afin qu'ilz puissent en vertu tant reluire
Que par sa grâce les rechoive en sa gloire.
Tout vient de Dieu.

Les deux professes dont il est ici question se voient sur l'autre panneau.

Dans cette chapelle se trouve encore une tête très expressive de saint François de Paule, fondateur des Minimes.

Enfin voyez un autre *petit triptyque*, dont le sujet du milieu est une *Tête de Christ* d'après Mignard, et des deux côtés un *Cardinal* et un *Saint Jean-Baptiste*, tableaux primitifs du XVIe siècle.

Nous arrivons à la chapelle de Sainte-Geneviève en tout semblable à celle de la Sainte-Vierge qui lui fait face. La statue est également de La Datte. Les deux motifs sculptés dans les médaillons qui sont au-dessus des portes nous montrent sainte Geneviève en prières, et la Sainte rendant la vue à sa mère. Bas-reliefs de l'Ecole française du XVIIIe siècle. Cette chapelle a été construite en vertu d'un vœu. Il fut un temps où la Seine n'était pas, comme aujourd'hui, bordée de quais, et les alluvions du fleuve produisaient souvent des émanations pestilentielles qui causaient la mort de beaucoup de personnes. Dans plusieurs de ces calamités, on eut recours à la sainte Patronne de Paris, qui accorda visiblement sa protection. On fit vœu de lui élever un autel. Aussi, lors de la construction de l'église, voulut-on que la plus belle chapelle lui fût consacrée; et jusqu'à la Révolution il y eut en son honneur, à Saint-Louis, une confrérie qui rivalisait, comme nombre et comme ferveur, avec celle de son tombeau. Saluons et allons à Joseph!

Dans sa chapelle, autrefois de Saint-Louis de Gon-

Triptyque du XV° siècle (École du Pérugin.)

Primitif du XVI° siècle.

(page 88.)

zague, on remarque sur la porte du tabernacle, un *gracieux émail* de Limoges, du xviie siècle ; la *Sainte Famille* (xviiie siècle) ; sur l'autel deux statues : l'une, en bois, du xviie siècle, l'autre de saint Joachim.

Au-dessus de l'autel, une autre Sainte Famille, de l'école française du xviiie siècle et un saint Louis de Gonzague, vu de dos, de Patrois (1870), et qui est loin d'être un chef-d'œuvre.

En face, saint Pierre et saint Jean guérissant un paralytique à la porte du Temple, de Van Loo ; peint pour l'église de Saint-Pierre des Arcis, donné, sous le premier Empire, à l'église Saint-Eustache, ce beau tableau fut récemment placé à Saint-Louis. Au-dessous, les Disciples d'Emmaüs, Ecole hollandaise du xviie siècle. Dans le panneau du bas se trouve l'épitaphe restaurée, destinée à Ujon d'Hérouval, auditeur à la Chambre des Comptes. Son nom était très célèbre parmi les savants de son siècle. Il se mettait volontiers à leur disposition ; chercheur infatigable il trouvait dans les archives de la Chambre des Comptes des sources abondantes qui lui permettaient d'écrire sûrement l'histoire. On aimait dans les préfaces à lui donner des témoignages publics de reconnaissance et d'amitié pour ses bons soins, son amabilité et sa science profonde. Voici, d'après Piganiol de la Force, son épitaphe placée dans l'ancienne église sur son tombeau, et rétablie dernièrement dans la nouvelle.

Hic jacet immortali vir memoria dignus,
D. D. Antonius Ujon d'Hérouval, æques,
Regi a consiliis et in suprema rationum curia auditor,
generis splendore apud Vellocaces clarus ;
pietate, innocentia ac doctrina commendabilis ;

*qui abstrusa veterum auctorum monumenta
multo labore investigavit,
Sedula cura congessit, sagaci judicio indagavit,
benigna liberalitate communicavit.
Gloriam quippe mereri potius
ducens, quam consequi ; alienis servire commodis
quam propriis ; rem ornare publicam
quam privatim augere
sub bene multorum hujus ævi nomine,
reconditioris antiquitatis thesauris ætatem nostram
locupletavit.
Natus XLIII Kal. Octob. incarnati Verbi MDCIV.
Obiit III Kal. Maii MDLXXXIX.*

Voici la traduction :

« Ici repose un homme digne d'un impérissable souvenir, Antoine Ujon d'Hérouval, chevalier, conseiller du roi et auditeur en la cour souveraine des Comptes. Issu d'une famille très distinguée du Vexin, il se rendit recommandable par sa piété, la pureté de ses mœurs et son érudition. Il fit de très laborieuses recherches dans les anciens historiens jusqu'ici à peu près inconnus. Il en fit le recueil avec beaucoup de soins, il apporta dans leur examen une judicieuse critique, il les communiqua avec l'abandon le plus désintéressé. Il aima mieux mériter la gloire que la conquérir, travailler pour le bien d'autrui que pour le sien propre. Il aima mieux enfin se rendre utile au bien général qu'à son bien particulier. Sous le nom d'un grand nombre d'écrivains de ce siècle, il enrichit notre époque des trésors de l'antiquité la moins connue. Né le dix-huitième jour d'octobre 1604, il mourut le 2 mai 1689. »

Des deux côtés de cette épitaphe, *des personnages* sont

Chapelle Sainte-Geneviève.

(page 88.)

Chapelle Saint-Joseph. *(page 91.)*

à genoux en costume Henri IV. Ces tableaux de l'Ecole flamande sont du genre Antonio Moro.

Sur le panneau de face, on voit, au centre, une statue de saint Joseph, moderne ; à gauche, *saint Paul* et *une religieuse* ; à droite, *saint Pierre* et un *saint Ermite*, peintures sur bois du commencement du xviie siècle.

Voici maintenant la dernière chapelle du collatéral de gauche, celle des Ames du Purgatoire, une des plus réussies de l'église.

Sous la table du sacrifice, un superbe Christ, mort et étendu, il est signé *Olive*. Sur la porte du tabernacle, la *Sainte Vierge* reçoit le corps de Notre-Seigneur dans ses bras après sa descente de croix. Un beau médaillon en marbre blanc, placé autrefois sur le milieu du maître autel, représente la Vierge douloureuse ; deux anges en pierre, l'un portant la couronne d'épines, l'autre les clous, sont en adoration de chaque côté. Ces anges sont l'ouvrage de Seurre (1856), deux enfants de chœur de la paroisse servirent de modèles. La fenêtre est remplie par un vitrail de Gérente (1866) donné, en 1866, par le prince Czartoryski : Notre-Seigneur sortant glorieux de son tombeau. Deux toiles de Maison (1863) nous montrent, d'un côté la mort du chrétien, de l'autre, le saint sacrifice offert pour les âmes du Purgatoire. Tous ces motifs sont le développement d'une pensée chrétienne : le Christ mort nous enseigne que la mort est le châtiment du péché ; l'autel où s'offre le Saint Sacrifice nous délivre de la mort ; la Sainte Vierge nous applique les fruits du divin Sacrifice et nous ressuscitons glorieux quand les fruits de ce Sacrifice nous sont appliqués.

Les panneaux sont remplis par des tables de marbre noir sur lesquelles sont gravées quelques inscriptions funéraires des princes Czartoryski.

Et c'est également à l'entrée de cette chapelle, à droite et à gauche, que seront placées, après la guerre, les plaques commémoratives à la mémoire des paroissiens tombés au Champ d'honneur.

Remarquez en sortant de cette chapelle, près de la porte d'entrée, un *petit bénitier* qui provient de l'ancien couvent des Carmélites de Chaillot, où Mlle de la Vallière acheva sa vie dans la pénitence sous le nom de Sœur Louise de la Miséricorde (1) !

A ce propos, on ne lira pas sans intérêt un petit article qui parut dans un journal sous la signature de « Furetières », le même écrivain qui, à l'occasion de la fête de saint Louis, a raconté la biographie de M. Bossuet, de ce prêtre vénérable entre tous qui a sacrifié toute sa fortune à enrichir sa chère église.

Il dit donc : « C'est grâce à lui qu'elle est devenue un musée religieux des plus précieux pour l'histoire de l'art. Il courait les ventes, il fréquentait les marchands de bric-à-brac, afin de dénicher des raretés. Et il a fini par accumuler à Saint-Louis-en-l'Ile nombre d'objets qui ont une grande valeur. Chacune des chapelles contient des tableaux de maître, des objets de culte remarquables par leur beauté. Si l'on organise une exposition des

---

(1) Nous nous permettons de faire observer aux visiteurs que l'inscription est inexacte et que son origine est inconnue, ce qui est fort regrettable. En effet, l'inscription dit qu'il vient des Carmélites de Chaillot. Or il n'y eut jamais de *Carmélites* à Chaillot mais des Visitandines. Mlle de la Vallière ne se retira pas à Chaillot, mais au couvent de Saint-Jacques, rue d'Enfer, alors rue Saint-Jacques.

Le bénitier vient-il de Chaillot ou de la rue Saint-Jacques ; des Carmélites ou des Visitandines ? Nous l'ignorons ; c'est un point d'histoire à éclaircir.

Chapelle des Morts. (page 97.)

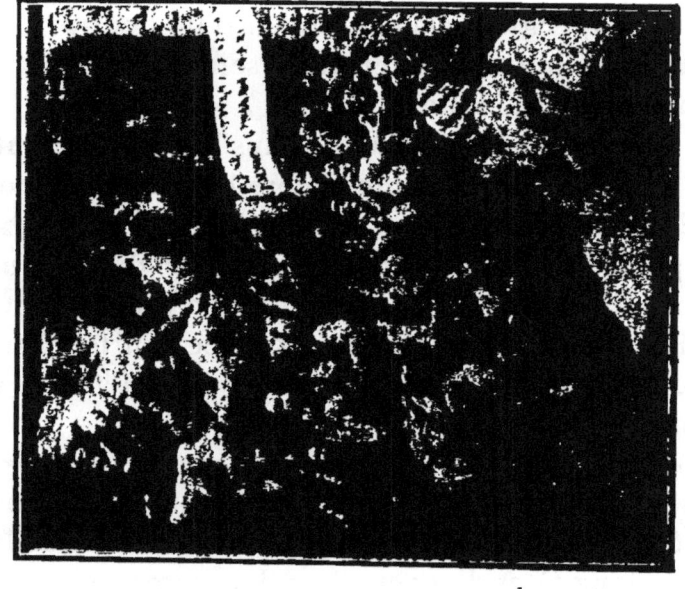

L'entrée triomphale à Jérusalem.
(page 104.)

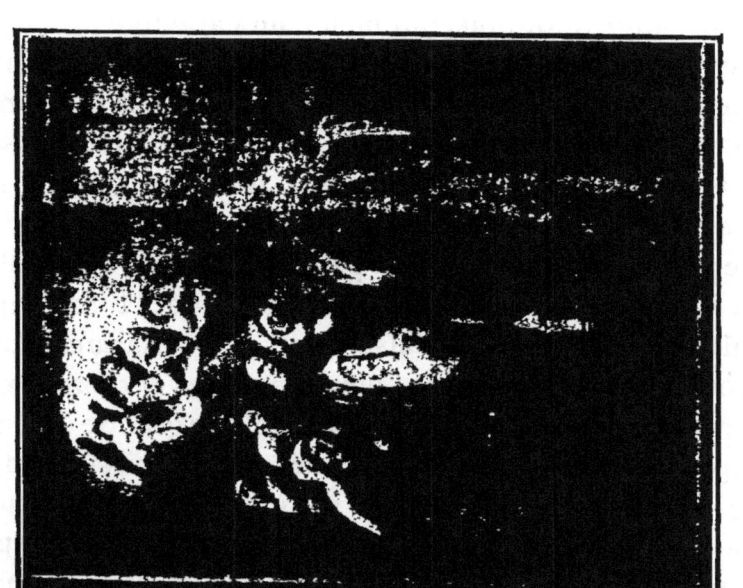

Les adieux de Jésus.
(page 104.)

primitifs, l'église Saint-Louis-en-l'Ile pourra y prendre une part importante et ainsi sera rendu à M. Bossuet l'hommage qui lui est dû.

« Sa mémoire est vénérée dans la paroisse dont il a été le pasteur. On y raconte encore bien des anecdotes sur lui, sur sa passion pour les antiquités et les vieux livres. Il possédait une superbe bibliothèque dans laquelle on trouvait toutes les éditions du grand prélat, dont il portait si dignement le nom. Tout ce qui touchait d'une façon même indirecte à celui qui guida Mlle de la Vallière dans sa conversion, il le recueillit.

« C'est ainsi que l'église possède *ce bénitier*. On a encastré dans le mur une petite vasque de marbre ayant la forme d'une large coquille au-dessus de laquelle émergent deux têtes d'anges ailées. L'œuvre en elle-même, au premier aspect, ne frapperait guère le regard. Les deux petits anges, joufflus, ont même un caractère profane qui malheureusement tendra à se propager avec le xvIII^e siècle. Ce sont des « amours d'anges », si je puis m'exprimer ainsi, qui devaient contraster avec la sévérité du sanctuaire auquel ils étaient destinés. Ainsi retrouvons-nous les bénitiers des mondains du xvII^e siècle, et l'on se demande si celui-ci n'était pas la seule épave que Mlle de la Vallière eût conservée de sa vie passée. Il lui rappelait ses erreurs et lui faisait verser des larmes qu'elle trouvait encore douces. Que de pensées et de réflexions il ne suggère pas ce petit bénitier d'une grande et illustre repentie, maintenant abandonné aux paroissiens d'une église populeuse. Combien d'entre eux ne se doutent pas qu'il s'agit du bénitier placé dans la petite chapelle élevée jadis au couvent des Feuillantines et dans lequel Mlle de la Vallière, devenue Carmélite, sous le nom de Sœur Louise de la Miséricorde, trempait chaque jour

La Circoncision.

La Résurrection.

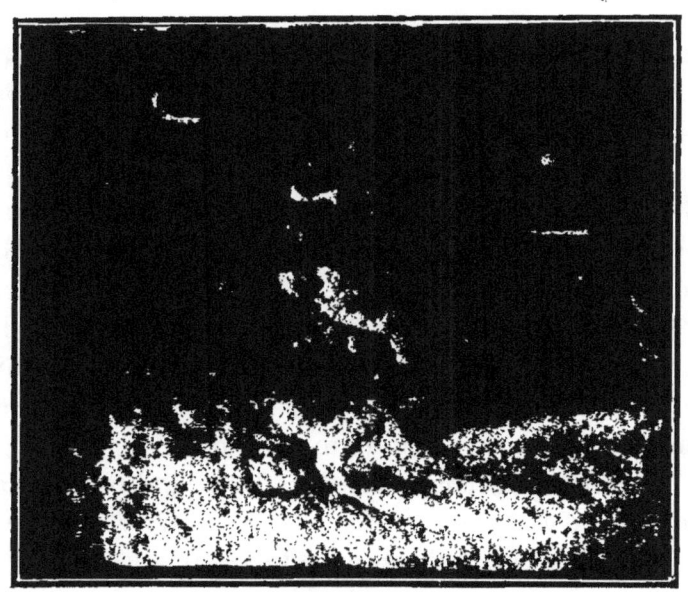

Fonts baptismaux (Peintures du XVe siècle. École hollandaise.)

(page 104.)

ses doigts. Il n'existe plus le sanctuaire que quelques contemporains ont encore vu et de cet édifice que son origine aurait dû préserver, il ne reste plus que ce petit bénitier sauvé par un descendant de la famille de Bossuet. C'est là une véritable relique que je suis heureux de signaler, que l'on voudra voir et qui ramènera plus d'un pécheur dans la bonne voie. »   FURETIÈRES.

Nous terminons notre visite par un coin très intéressant de notre belle église, et au dire des connaisseurs, le plus riche à cause de la petite collection de peintures du xve siècle, de l'Ecole hollandaise.

Les fonts baptismaux nous offrent d'abord : le *Baptême de Jésus-Christ par saint Jean Baptiste* de Bouzonnet dit Stella (1675), ce tableau décorait autrefois le maître autel de Saint-Germain le Vieux, il a été aussi à Saint-Eustache. Deux statues d'anges accompagnent le tableau. Ils tiennent dans leurs mains une banderole dont le texte s'applique également au baptême de Notre-Seigneur et à celui des petits enfants : *Celui-ci est mon Fils bien aimé ; j'ai mis en lui mes complaisances.*

Dans les panneaux, voyez et admirez la Vie de Notre Seigneur, en *huit petits tableaux,* huit petits chefs-d'œuvres de l'Ecole hollandaise. Ils représentent, de gauche à droite : L'*Annonciation,* l'*Adoration des bergers,* l'*Adoration des Mages,* la *Circoncision,* la *Tentation de Notre-Seigneur,* la *Guérison de l'aveugle de Jéricho,* l'*Entrée triomphale à Jérusalem,* les *Adieux de Jésus* (Ecole flamande, fin du xvie siècle).

Résumons-nous en disant que si cette paroisse de Saint-Louis-en-l'Ile est, après Notre-Dame, la plus petite de la Capitale, puisqu'elle compte à peine 11.000 âmes, elle est, néanmoins, une des mieux ornées de Paris, grâce, nous aimons à le répéter en finissant, au zèle et à l'abnégation de M. l'abbé Bossuet, qui n'a regardé pour l'enrichir ni à son argent, ni aux souvenirs personnels que lui rappelaient ces mille curiosités dont il s'était défait bien volontiers.

Telle est, chers paroissiens, visiteurs et pèlerins, la charmante église de Saint-Louis-en-l'Ile, généralement assez peu connue des habitants même de la Capitale, quoiqu'elle soit située au centre même de la grande ville. Nous n'hésitons pas à dire qu'en fait d'architecture païenne c'est une des plus belles et des plus gracieuses applications qui en ait été faite.

Que l'homme impartial la compare avec les autres qui sont du même style et de la même époque, et nous avons la conviction que la nôtre aura la préférence.

Pour Dieu!
et en l'honneur de saint Louis!

Paris, 8 Septembre 1917.

E. ROUSSEAU.
Curé de Saint-Louis-en-l'Ile.

Liste des Curés de Saint-Louis-en-l'Ile.

1623-1645. — Louis Guyard de Saint-Julien, d'Avignon ; en 1645, chanoine de Notre-Dame, décédé en 1659.

1645-1662. — Pierre de Graves, de Béziers ; en 1662, chanoine de Notre-Dame, décédé en 1683.

1662-1693. — Bernard Cros, de Béziers, décédé à Saint-Louis en 1693.

1693-1726. — Jacques Lhuillier, d'Amiens, en 1726, doyen de la Sorbonne, décédé en 1733.

1726-1751. — Jacques Barthélémy de la Broise, d'Avranches, décédé à Saint-Louis-en-l'Ile en 1751.

1751-1759. — Pierre Guillaume, de Paris, décédé à Saint-Louis en 1759.

1759-1785. — Jean Thomas Aubry, de Paris, décédé à Saint-Louis en 1785.

1785-1821. — Jacques-Robert-Corentin Coroller, de Quimper, décédé à Saint-Louis, en 1821.

1821-1864. — Jean-Baptiste Hubault Malmaison, de Paris, décédé à Saint-Louis en 1864.

1864-1888. — Louis-Auguste-Napoléon Bossuet, de Versailles, décédé à Saint-Louis en 1888.

1888-1898. — Adrien Pravaz, de Pont-de-Beauvoisin, Chanoine titulaire de Notre-Dame en 1898, décédé en 1905.

1898-1900. — Marie-Charles de Cormont, de Paris ; en 1900, évêque de la Martinique ; en 1911, évêque d'Aire et de Dax.

1900-1913. — Albert Delaage, de Paris ; en 1913, chanoine archiprêtre de Notre-Dame de Paris ; en 1914, vicaire général.

1913. — Édouard Rousseau, de Paris.

965-17

IMPRIMERIE

DES

ORPHELINS-APPRENTIS

D'AUTEUIL

40, RUE LA FONTAINE

PARIS

www.ingramcontent.com/pod-product-compliance
Lightning Source LLC
Chambersburg PA
CBHW070252100426
42743CB00011B/2230